华信经管创新系列

U0836158

会计学基础仿真实训

范树峰　张　梅　主编
陈　钟　副主编

電子工業出版社
Publishing House of Electronics Industry
北京 · BEIJING

内 容 简 介

本书以一个制造企业某一期间的经济业务为背景，按照会计核算流程，对其全部核算资料进行加工和整理，形成一系列典型的仿真会计实训业务，使参加实训的学生在模拟的环境下接受系统的训练，掌握会计工作的具体方法，能熟练运用手工方式独立完成建账、填制和审核会计凭证、登记账簿、对账、结账、编制报表等会计核算工作，提高学生的实际操作能力。

本书适合作为高等院校会计学、审计学、财务管理、国际经济与贸易、投资学、金融工程、经济学等专业相关课程的教材。

图书在版编目（CIP）数据

会计学基础仿真实训 / 范树峰，张梅主编 —北京：电子工业出版社，2021.8
ISBN 978-7-121-34118-2

I. ①会… II. ①范… ②张… III. ①会计学 IV. ①F230

中国版本图书馆 CIP 数据核字（2021）第 173594 号

责任编辑：石会敏
印　　刷：河北鑫兆源印刷有限公司
装　　订：河北鑫兆源印刷有限公司
出版发行：电子工业出版社
　　　　　北京市海淀区万寿路 173 信箱　　邮编：100036
开　　本：787×1092　1/16　　印张：17.25　　字数：387.5 千字
版　　次：2021 年 8 月第 1 版
印　　次：2021 年 8 月第 1 次印刷
定　　价：52.00 元

凡所购买电子工业出版社图书有缺损问题，请向购买书店调换。若书店售缺，请与本社发行部联系，联系及邮购电话：（010）88254888，88258888。

质量投诉请发邮件至 zlts@phei.com.cn，盗版侵权举报请发邮件至 dbqq@phei.com.cn。

本书咨询联系方式：（010）88254537。

前　言

会计的实践性很强，是一门应用型管理学科。会计学科教学改革的核心和基本目标离不开理论联系实际，可以说，会计学基础仿真实训是会计教学过程中很重要的一个基本环节，是会计教学改革的重要举措，是学生巩固会计基础知识、提高基本实践技能的重要手段。基于这样的一种认识，为了满足会计实训教学的需要，我们组织编写了这本《会计学基础仿真实训》。本书以一个制造企业某一期间的经济业务为背景，按照会计核算流程，对其全部核算资料进行加工和整理，形成一系列典型的仿真会计实训业务，使参加实训的学生在模拟的环境下接受系统的训练，掌握会计工作的具体方法，能熟练运用手工方式独立完成建账、填制和审核会计凭证、登记账簿、对账、结账、编制报表等会计核算工作，提高学生的实际操作能力。

本书主要特点如下：

(1) 内容具有时效性。按照最新会计准则和税收法规编写内容。

(2) 内容具有多样性。本书设计的经济业务以国内为主、国外为辅，业务设计与时俱进，让学生及时了解新业务。

(3) 配套完整。本书配套完整的实训手册，含专用凭证、账页、报表、实训报告等实训资料。

(4) 资源丰富。本书配备教师专用资源，含会计分录答案、科目汇总表、日记账、明细账、总账和财务报表答案。

本书由范树峰、张梅任主编，陈钟任副主编。为了培养高素质应用型人才，我们努力做到实训资料准确，实训设计、实训步骤科学合理，实训所用证、账、表具有高度仿真性，实训内容具有启发性、实践性和应用性，使学生进行一次较为完整的、系统的会计核算的基本操作实践，认识“账为何物”，明确“账从何来”和清楚“账有何用”。在本书编写过程中，我们参考和借鉴了大量相关实训教材成果，在此表示诚挚的谢意！

尽管我们在编写本书的过程中，在教材的内容及特色方面做出了许多努力，但由于编者的经验和水平有限，对实际工作研究得不够全面，本书难免存在不当之处，在此，我们期待实训指导老师和参加实训的同学批评指正，以利于本书内容的不断完善。如教师需要相关教学资源，请添加 QQ 号码 17669478 索取。

编　者

2021 年 6 月

* 本书一些训练题目的参考答案，请扫二维码。

目　　录

* 附录 4、附录 5、附录 6 内容请到华信教育资源网（http://www.hxedu.com.cn）注册后下载

第一章

会计学基础仿真实训的内容和要求

一、会计学基础实训目的

会计模拟手工实训，不仅可以使学生掌握填制和审核会计凭证、登记账簿和编制会计报表等会计工作的技能和方法，而且能够切身体会出纳员、材料核算员、记账员等各会计工作岗位的具体工作，从而对会计核算工作的整个流程有比较系统、完整、清晰的认识与理解，最终实现对会计理论和方法融会贯通的目的。

会计模拟实训是财会类专业学生从掌握理论知识向掌握实践能力转换所必需的教学环节。在模拟实训中，按照现行会计制度和会计工作的要求，学生应亲自动手实验。它能帮助学生更好地理解会计理论和会计方法，检验学生的实际动手操作能力，培养学生懂理论、善操作的理论联系实际的工作作风，培养学生严肃、认真、细致的工作态度。

二、会计学基础实训程序及要求

会计学基础实训程序也称为会计核算组织程序，是指对会计数据进行记录、归类、汇总、报告的步骤与方法，即从原始凭证的整理、汇总，记账凭证的填制、汇总，日记账、明细分类账的登记，到会计报表的编制步骤和方法。账务处理程序的基本模式可以概括为：原始凭证——记账凭证——会计账簿——会计报告。

（一）期初建账

首先，按照需用的各种账簿的格式要求，预备各种账页，并将活页的账页用账夹装订成册。

其次，在账簿启用表上（见表 1-1），写明单位名称、账簿名称、册数、编号、账簿页数、启用日期以及记账人员和财会主管人员姓名，并加盖名章和单位公章。记账人员或财会主管人员在本年度调动工作时，应注明交接日期、接办人员姓名和监交人员姓名，并由交接双方签名或盖章，以明确经济责任。

最后，按照会计科目表的顺序、名称，在总账账页上建立总账账户；并根据总账账户明细核算的要求，在各明细账户上建立二、三级明细账户。原有单位在年度开始建立各级账户的同时，应将上年账户余额结转过来。

表 1-1 账簿启用表

账 簿 启 用 表						贴印花处
单位名称	（加盖公章）		负责人	职务	姓名	
账簿名称		账簿第 一 册	单位主管			
账簿号码	第 号	启用日期	财会主管			
账簿页数	本账簿共计 页		主办会计			

经管本账簿人员一览表												
记账人员			接管			移交			监交人员		备注	
职务	姓名	盖章	年	月	日	年	月	日	职务	姓名		

1．建立总账

总账是指总分类账簿（General Ledger），也称总分类账（见表 1-2），是根据总分类科目开设账户，用来登记全部经济业务，进行总分类核算，提供总括核算资料的分类账簿。总分类账所提供的核算资料，是编制会计报表的主要依据。任何单位都必须设置总分类账。总分类账一般采用订本式账簿。总分类账的账页格式，一般采用“借方金额”“贷方金额”“余额”三栏式，根据实际需要也可以在“借方金额”“贷方金额”两栏内增设“对方科目”栏。

表 1-2 总账账页

总　　账

科目名称________

科目编号________

年度　　　　第　页

年		凭证	摘要（外汇收支应说明原币及汇率）	借方金额										√	贷方金额										√	借或贷	余额										√
月	日	号数		千	百	十	万	千	百	十	元	角	分		千	百	十	万	千	百	十	元	角	分			千	百	十	万	千	百	十	元	角	分	

不同性质的账户在余额的登记方向上有所不同，资产类、成本类账户的期初余额一般在借方，负债、所有者权益类的账户期初余额一般在贷方。例如库存现金账户在 2019 年的期末余额为 10 000 元，则库存现金账户在 2020 年的期初余额按以下方法登记。

首先，在表头空白处填写“库存现金”，在“年度”栏填写“2020 年”；其次，在“月、日”栏填写“1 月 1 日”，在“摘要”栏填写“期初余额”，在“借或贷”栏填写“借”，在“余额”栏填写“10 000.00”。

2．建立日记账

日记账又称序时账，是按经济业务发生和完成时间的先后顺序进行登记的账簿。它按照记账凭证（或记账凭证所附的原始凭证）逐日逐笔进行登记。目前我国常见的日记账主要包括库存现金日记账（见表 1-3）和银行存款日记账（见表 1-4）。

表 1-3　现金日记账

现 金 日 记 账　　第　页

年度

20 年		凭证	摘　要	对方科目	收入（借方）金额										√	付出（贷方）金额										√	结余金额										√
月	日	号数			千	百	十	万	千	百	十	元	角	分		千	百	十	万	千	百	十	元	角	分		千	百	十	万	千	百	十	元	角	分	

表 1-4　银行存款日记账

银行存款日记账　　第　页

账　号＿＿＿＿＿＿

存款种类＿＿＿＿＿＿

年度

20 年		凭证	支票	摘要（外汇收支应说明原币及汇率）	对方科目	收入（借方）金额											√	付出（贷方）金额											√	结余金额											√
月	日	号数	号数			亿	千	百	十	万	千	百	十	元	角	分		亿	千	百	十	万	千	百	十	元	角	分		亿	千	百	十	万	千	百	十	元	角	分	

日记账建账时，期初余额的登记方法与总账类似。

【注意】日记账登记的要求

（1）出纳账必须根据审核无误的会计凭证登记。登账时，应将会计凭证的日期、种类和编号、业务的内容摘要、金额等逐项记入账内，同时要在会计凭证上注明账簿的页数，或划“√”符号，表示已经登记入账，防止漏记、重记和错记情况发生。出纳人员对认为有问题的会计凭证，应提交会计主管人员进一步审核，在审核结果未出来前，出纳人员可以拒绝入账。

(2) 各种账簿都必须逐页、逐行顺序连续登记，不得隔页、跳行。若出现空行或隔页应用红线对角划掉，并由记账人员盖章。

(3) 出纳人员应每天逐笔登记已发生的经济业务，且按日记出余额。在“借或贷”栏内写明“借”或“平”字。现金日记账余额每天还要与库存现金进行核对。

(4) 账簿中书写的文字和数据适当留空，不要写满格。书写文字应紧靠左线，书写数据应紧靠底线，一般应占格距的 1/2。

(5) 登记日记账要用蓝、黑墨水书写，红色墨水笔只能在结账、划线和冲账时使用。同时为了使账簿记录保持清晰，字迹必须要工整。

(6) 每登记满一张账页结转下页时，需在最后一行结出本页发生总额，然后，将总额和余额转抄下页，在本页的摘要栏内写明“过次页”和“承前页”。在登账过程中出现错误，采用正确的方法予以更正，不得刮、擦、挖、补。

3．建立明细账

按明细分类账户登记的账簿叫做明细分类账，简称“明细账”。明细账是根据总账科目所属的明细科目设置的，用于分类登记某一类经济业务事项，提供有关明细核算资料。

明细账是按照二级或明细科目设置的账簿，一般采用活页式账簿。各单位应结合自己的经济业务的特点和经营管理的要求，在总分类账的基础上设置若干明细分类账，作为总分类账的补充。明细分类账按账页格式不同可分为三栏式、数量金额式和多栏式。

(1) 三栏式。三栏式明细账的账页设有借方金额、贷方金额和余额三个金额栏，不设数量栏。这种格式适用于各种日记账、总分类账以及资本、债权、债务明细账的登记，适用于那些只需要进行金额核算而不需要进行数量核算的明细核算，如“应收账款”（见表 1-5）、“应付账款”等债权债务结算科目的明细分类核算。

表 1-5　三栏式明细账

应收账款　　明细账

总第　　页 分第　　页

一　级　科　目________

二级科目或明细科目________

20 年		凭证		摘要	借方金额											√	贷方金额											√	借或贷	余额											√
月	日	种类	号数		十	亿	千	百	十	万	千	百	十	元	角	分		十	亿	千	百	十	万	千	百	十	元	角	分			十	亿	千	百	十	万	千	百	十	元	角	分	

(2) 数量金额式。数量金额式明细账的借方、贷方和结存三个栏目内都分设数量、单价和金额三个小栏，借以反映财产物资的实物数量和价值量。这种格式适用于既需要进行

金额核算，又需要进行账物数量核算的各种财产物资的明细核算，如“原材料”(见表 1-6)、“库存商品”、“产成品”、“周转材料” 等财产物资科目的明细分类核算。

表 1-6 数量金额式明细账

原材料 明 细 账　　　　第______页

最高储备量______ 类 别______ 储备定额______ 编 号______ 规 格______
最低储备量______ 存放地点______ 计划单价______ 计量单位______ 名 称______

<table>
<tr><th colspan="2">201 年</th><th colspan="2">凭 证</th><th rowspan="3">摘 要</th><th colspan="12">收 入（借 方）</th><th colspan="12">发 出（贷 方）</th><th colspan="12">结 存</th></tr>
<tr><th rowspan="2">月</th><th rowspan="2">日</th><th rowspan="2">种类</th><th rowspan="2">号数</th><th rowspan="2">数量</th><th rowspan="2">单价</th><th colspan="10">金额</th><th rowspan="2">数量</th><th rowspan="2">单价</th><th colspan="10">金额</th><th rowspan="2">数量</th><th rowspan="2">单价</th><th colspan="10">金额</th></tr>
<tr><th>千</th><th>百</th><th>十</th><th>万</th><th>千</th><th>百</th><th>十</th><th>元</th><th>角</th><th>分</th><th>千</th><th>百</th><th>十</th><th>万</th><th>千</th><th>百</th><th>十</th><th>元</th><th>角</th><th>分</th><th>千</th><th>百</th><th>十</th><th>万</th><th>千</th><th>百</th><th>十</th><th>元</th><th>角</th><th>分</th></tr>
<tr><td></td><td></td><td></td><td></td><td></td><td></td><td></td><td></td><td></td><td></td><td></td><td></td><td></td><td></td><td></td><td></td><td></td><td></td><td></td><td></td><td></td><td></td><td></td><td></td><td></td><td></td><td></td><td></td><td></td><td></td><td></td><td></td><td></td><td></td><td></td><td></td><td></td><td></td><td></td><td></td><td></td></tr>
<tr><td></td><td></td><td></td><td></td><td></td><td></td><td></td><td></td><td></td><td></td><td></td><td></td><td></td><td></td><td></td><td></td><td></td><td></td><td></td><td></td><td></td><td></td><td></td><td></td><td></td><td></td><td></td><td></td><td></td><td></td><td></td><td></td><td></td><td></td><td></td><td></td><td></td><td></td><td></td><td></td><td></td></tr>
<tr><td></td><td></td><td></td><td></td><td></td><td></td><td></td><td></td><td></td><td></td><td></td><td></td><td></td><td></td><td></td><td></td><td></td><td></td><td></td><td></td><td></td><td></td><td></td><td></td><td></td><td></td><td></td><td></td><td></td><td></td><td></td><td></td><td></td><td></td><td></td><td></td><td></td><td></td><td></td><td></td><td></td></tr>
<tr><td></td><td></td><td></td><td></td><td></td><td></td><td></td><td></td><td></td><td></td><td></td><td></td><td></td><td></td><td></td><td></td><td></td><td></td><td></td><td></td><td></td><td></td><td></td><td></td><td></td><td></td><td></td><td></td><td></td><td></td><td></td><td></td><td></td><td></td><td></td><td></td><td></td><td></td><td></td><td></td><td></td></tr>
<tr><td></td><td></td><td></td><td></td><td></td><td></td><td></td><td></td><td></td><td></td><td></td><td></td><td></td><td></td><td></td><td></td><td></td><td></td><td></td><td></td><td></td><td></td><td></td><td></td><td></td><td></td><td></td><td></td><td></td><td></td><td></td><td></td><td></td><td></td><td></td><td></td><td></td><td></td><td></td><td></td><td></td></tr>
<tr><td></td><td></td><td></td><td></td><td></td><td></td><td></td><td></td><td></td><td></td><td></td><td></td><td></td><td></td><td></td><td></td><td></td><td></td><td></td><td></td><td></td><td></td><td></td><td></td><td></td><td></td><td></td><td></td><td></td><td></td><td></td><td></td><td></td><td></td><td></td><td></td><td></td><td></td><td></td><td></td><td></td></tr>
</table>

(3) 多栏式。多栏式明细账的账页按照明细科目或明细项目分设若干专栏，以在同一账页上集中反映各有关明细科目或某明细科目各明细项目的金额。这种格式适用于费用、成本、收入和成果的明细核算，如“制造费用”(见表 1-7)、“管理费用”“营业外收入”和“营业外支出”等科目的明细分类核算。

表 1-7 多栏式明细账

制造费用　　　　明 细 账　　　　总第____页 分第____页
____级科目编号及名称______
____级科目编号及名称______

<table>
<tr><th colspan="2">20 年</th><th rowspan="3">凭证号数</th><th rowspan="3">摘 要</th><th colspan="10" rowspan="2">借方（收方）</th><th colspan="10" rowspan="2">贷方（付方）</th><th rowspan="3">借或贷</th><th colspan="10" rowspan="2">余 额</th><th colspan="40"></th></tr>
<tr><th rowspan="2">月</th><th rowspan="2">日</th><th colspan="10">工资</th><th colspan="10">折旧</th><th colspan="10">修理费</th><th colspan="10">机物料消耗</th></tr>
<tr><th>千</th><th>百</th><th>十</th><th>万</th><th>千</th><th>百</th><th>十</th><th>元</th><th>角</th><th>分</th><th>千</th><th>百</th><th>十</th><th>万</th><th>千</th><th>百</th><th>十</th><th>元</th><th>角</th><th>分</th><th>千</th><th>百</th><th>十</th><th>万</th><th>千</th><th>百</th><th>十</th><th>元</th><th>角</th><th>分</th><th>千</th><th>百</th><th>十</th><th>万</th><th>千</th><th>百</th><th>十</th><th>元</th><th>角</th><th>分</th><th>千</th><th>百</th><th>十</th><th>万</th><th>千</th><th>百</th><th>十</th><th>元</th><th>角</th><th>分</th><th>千</th><th>百</th><th>十</th><th>万</th><th>千</th><th>百</th><th>十</th><th>元</th><th>角</th><th>分</th><th>千</th><th>百</th><th>十</th><th>万</th><th>千</th><th>百</th><th>十</th><th>元</th><th>角</th><th>分</th></tr>
</table>

明细账建账时，期初余额的登记方法亦与总账类似。

(二) 原始凭证的填制与审核

原始凭证就是由经办单位或经办人员在经济业务发生过程中取得或填制的，用以记录经济业务发生或完成情况、明确经济责任的会计凭证，见图 1–1、图 1–2、图 1–3。

原始凭证填制是指经济业务发生后，按规定对原始凭证的填写。填制原始凭证要符合以下要求：

(1) 真实可靠，即如实填列经济业务内容，不弄虚作假，不涂改、挖补。

(2) 内容完整，即应该填写的项目要逐项填写(接收凭证方应注意逐项验明)，不可缺漏。尤其需要注意的是，年、月、日要按照填制原始凭证的实际日期填写；名称要写全，不能简化；品名或用途要填写明确，不许含糊不清；有关人员的签章必须齐全。

(3) 填制及时，即每当一项经济业务发生或完成，都要立即填制原始凭证，做到不积压、不误时、不事后补制。

(4) 书写清楚，即字迹端正、易于辨认，做到数字书写符合会计上的技术要求，文字工整，不草、不乱、不“造”；复写的凭证，要不串格、不串行、不模糊。

(5) 顺序使用，即收付款项或实物的凭证要顺序或分类编号，在填制时按照编号的次序使用，跳号的凭证应加盖“作废”戳记，不得撕毁。

增值税专用发票　NO0000020201202

（全国统一发票监制章 福建 国家税务总局监制）

开票日期：2020年12月01日

国税函（2014）257号浙江印钞厂

购买方	名　称：福建福理有限责任公司 纳税人识别号：523500007617879798 地址、电话：潘渡路352号 05915678 开户行及账号：中国工商银行潘渡路支行 13115101040006155			密码区	67/*+3*0/611*++0/+0*/*+3+2/9 *11*+66666**066611*+66666* 1**+216***6000*261*2*4/*547 203994+-42*64151*6915361/3*		
货物或应税劳务、服务名称	规格型号	单位	数量	单价	金额	税率	税额
修理费			1	1000.00	1000.00	13%	130.00
合　计					￥ 1000.00		￥ 130.00
价税合计（大写）	壹仟壹佰叁拾元整				（小写）　￥ 1130.00		
销售方	名　称：福建永新有限责任公司 纳税人识别号：5859696700708083747 地址、电话：贵安路234号 05911234 开户行及账号：工行贵安支行 13153848959606070			（福建永新有限责任公司 5859696700708083747 发票专用章）			

收款人：xxx　　复核：xxx　　开票人：xxx　　销售方：（章）　xxx

第三联：发票联　购买方记账凭证

图 1-1　原始凭证之增值税专用发票

中国工商银行进账单（收账通知）　3

2020 年 12 月 02 日

出票人	全　称	河北星瑞有限责任公司	收款人	全　称	福建福理有限责任公司
	账　号	96856756		账　号	13115101040006155
	开户银行	工行科技路支行		开户银行	中国工商银行潘渡路支行
金额	人民币（大写）	壹佰贰拾捌万捌仟贰佰元整	千百十万千百十元角分	￥1288200000	
票据种类	转账支票	票据张数	1张		
票据号码	xxxxxxxxxxxx				
	复核 xxx　记账 xxx			收款人开户银行盖章	

此联是收款人开户银行交给收款人的收账通知

图 1-2　原始凭证之银行进账单

收 料 单

发票号码：xxxx　　2020 年 12 月 05 日　　编号：NO000000002020

供应单位：山东灿荣有限责任公司　　收料仓库：1号仓库

材料类别：xx

材料/编号	物料名称	规格型号	单位	数量		实际成本				
				应收	实收	买价		运杂费	其他	合计
						单价	金额			
002	B材料		千克	8000	8000	32.00	256000.00			256000.00
003	C材料		千克	4000	4000	10.00	40000.00			40000.00
合计							296000.00			296000.00

第三联 记账

采购员：xxxx　　检验员：xxxx　　记账员：xxxxxx　　保管员：xxxxx

图 1-3　原始凭证之收料单

原始凭证审核是按照规定对原始凭证进行的审查与核实。会计人员要对自制的或外来的原始凭证进行审核。通过审核原始凭证，检查执行国家的方针、政策、法规和制度的情况，加强资金管理，保证核算正确，同违法乱纪现象作斗争，保护企业财产。对原始凭证审核的内容包括:

(1) 审核凭证的真实性，即审核凭证的基本内容是否真实和正确。

(2) 审核凭证的合法性。审核经济业务的发生和完成是否符合国家的方针、政策、法规和制度。

(3) 审核凭证的合理性。根据国家的方针、法规和制度，从经营和管理的具体情况出发，按照厉行节约、反对浪费、提高经济效益的原则审核经济业务的发生或完成是否合理。经过审核，对于符合要求的原始凭证，应按照规定及时办理会计手续；对业务真实但手续不完备的原始凭证，要退回经办人员补办手续；对不合法和不合理的原始凭证，会计人员有权拒绝接受，不予办理会计手续，如情节严重，应向领导和有关部门反映，及时处理。

(三) 记账凭证的填制与审核

记账凭证是财会部门根据原始凭证填制、记载经济业务简要内容，确定会计分录，作为记账依据的会计凭证。记账凭证亦称分录凭证，又称记账凭单，是由会计部门根据审核无误的原始凭证或原始凭证汇总表编制，按照登记账簿的要求，确定账户名称、记账方向(应借、应贷)和金额的一种记录，是登记明细分类账和总分类账的依据。

根据记账凭证使用范围的不同，记账凭证可分为不同的种类。

记账凭证按其用途可以分为专用记账凭证和通用记账凭证。

(1) 专用记账凭证，是指分类反映经济业务的记账凭证。这种记账凭证按其反映经济业务内容的不同，又可以分为收款凭证、付款凭证和转账凭证，见图 1-4、图 1-5、图 1-6。

①收款凭证。收款凭证是指用于记录现金和银行存款收款业务的会计凭证。

收　款　凭　证

借方科目：　　　　　　年　月　日　　　　　　字第　　　号

摘要	贷方科目		金额											记账
	总账科目	明细科目	亿	千	百	十	万	千	百	十	元	角	分	
附单据　张	合计													

会计主管：　　记账：　　出纳：　　审核：　　制证：

图 1-4　记账凭证之收款凭证

②付款凭证。付款凭证是指用于记录现金和银行存款付款业务的会计凭证。

付　款　凭　证

贷方科目：　　　　　　年　月　日　　　　　　字第　　　号

摘要	借方科目		金额											记账
	总账科目	明细科目	亿	千	百	十	万	千	百	十	元	角	分	
附单据　张	合计													

会计主管：　　记账：　　出纳：　　审核：　　制证：

图 1-5　记账凭证之付款凭证

③转账凭证。转账凭证是指用于记录不涉及现金和银行存款业务的会计凭证。

转　账　凭　证

年　月　日　　　　　　字第　　　号

会计主管：　　记账：　　审核：　　制证：

图 1-6　记账凭证之转账凭证

(2) 通用记账凭证。通用记账凭证是指用来反映所有业务的记账凭证，见图 1-7。

记 账 凭 证

总号 ________

年　月　日　　　　分号 ________

摘要	总账科目	明细科目	过账	借方金额										贷方金额									
				千	百	十	万	千	百	十	元	角	分	千	百	十	万	千	百	十	元	角	分

附凭证　张

财务主管：　　记账：　　复核：　　制单：

图 1-7　记账凭证之通用记账凭证

记账凭证按其包括的内容分类可以分为单一记账凭证、汇总记账凭证和科目汇总表三类。

(1) 单一记账凭证，是指只包括一笔会计分录的记账凭证。上述专用记账凭证和通用记账凭证，均为单一记账凭证。

(2) 汇总记账凭证，是指根据一定时期内的同类单一记账凭证加以汇总而重新编制的记账凭证。汇总记账凭证又可以分为汇总收款凭证（见图 1-8）、汇总付款凭证和汇总转账凭证。

汇总收款凭证

贷方账户：　　年　月　　字：　号

借方账户	金额			
	1～10 日收款凭证	11～20 日收款凭证	21～31 日收款凭证	合计
合计				

图 1-8　记账凭证之汇总收款凭证

(3) 科目汇总表（又称记账凭证汇总表、账户汇总表），是指根据一定时期内所有的记账凭证定期加以汇总而重新编制的记账凭证，见图 1-9。编制科目汇总表的目的是简化总分类账的登记手续。

填制记账凭证，是会计核算工作的重要环节，是对原始凭证的整理和分类，并按照复试记账的要求，运用会计科目，确定会计分录，将其作为登记账簿的依据。填制记账凭证的基本要求如下：

科目汇总表　　　　科汇_____		
科目名称	借方	贷方
合计：		

图 1-9　记账凭证之科目汇总表

(1)记账凭证的各项内容必须完整。

(2)必须以审核无误的原始凭证为依据。

(3)记账凭证应连续编号。一笔经济业务需要填制两张以上记账凭证的，可以采用分数编号法编号。

(4)记账凭证的书写应清楚、规范。

(5)记账凭证可以根据每一张原始凭证填制，或根据若干张同类原始凭证汇总编制，也可以根据原始凭证汇总表填制。但不得将不同内容和类别的原始凭证汇总填制在一张记账凭证上。

(6)记账凭证上，必须有填制人员、审核人员、记账人员和会计主管的签名或盖章。对于发生的收款和付款业务必须坚持先审核后办理的原则，出纳人员要在有关收款凭证和付款凭证上签章，以明确经济责任。对已办妥的收款凭证或付款凭证及所附的原始凭证，出纳要当即加盖“收讫”或“付讫”戳记，以避免重收重付或漏收漏付发生。

(7)除结账和更正错误的记账凭证可以不附原始凭证外，其他记账凭证必须附有原始凭证。

所有填制好的记账凭证，都必须经过会计人员认真地审核。在审核记账凭证的过程中，如发现记账凭证填制有误，应当按照规定的方法及时加以更正。只有审核无误后的记账凭证，才能作为登记账簿的依据。记账凭证的审核主要包括以下内容：

(1)记账凭证是否附有原始凭证，记账凭证的经济内容是否与所附原始凭证的内容相同。

(2)应借应贷的会计科目(包括二级或明细科目)对应关系是否清晰、金额是否正确。

(3)记账凭证中的项目是否填制完整，摘要是否清楚，有关人员的签章是否齐全。

（四）登记账簿

依据《会计基础工作规范》（以下简称《规范》）第六十条规定，登记会计账簿的基本要求是：

（1）准确完整。“登记会计账簿时，应当将会计凭证日期、编号、业务内容摘要、金额和其他有关资料逐项记入账内，做到数字准确、摘要清楚、登记及时、字迹工整。”每一项会计事项，一方面要记入有关的总账，另一方面要记入该总账所属的明细账。账簿记录中的日期，应该填写记账凭证上的日期；以自制的原始凭证，如收料单、领料单等，作为记账依据的，账簿记录中的日期应按有关自制凭证上的日期填列。登记账簿要及时，但对各种账簿的登记间隔应该多长，《规范》未作统一规定。一般说来，这要看本单位所采用的具体会计核算形式而定。

（2）注明记账符号。“登记完毕后，要在记账凭证上签名或者盖章，并注明已经登账的符号，表示已经记账。”在记账凭证上设有专门的栏目供注明记账的符号，以免发生重记或漏记。

（3）文字和数字必须整洁清晰，准确无误。在登记书写时，不要滥造简化字，不得使用同音异义字，不得写怪字体；摘要文字紧靠左线；数字要写在金额栏内，不得越格错位、参差不齐；文字、数字字体大小适中，紧靠下线书写，上面要留有适当空距，一般应占格宽的 1/2，以备按规定的方法改错。记录金额时，如为没有角分的整数，应分别在角分栏内写上“0”，不得省略不写，或以“-”号代替。阿拉伯数字一般可自左向右适当倾斜，以使账簿记录整齐、清晰。为防止字迹模糊，墨迹未干时不要翻动账页；夏天记账时，可在手臂下垫一块软质布或纸板等书写，以防汗浸。

（4）正常记账使用蓝黑墨水。“登记账簿要用蓝黑墨水或者碳素墨水书写，不得使用圆珠笔（银行的复写账簿除外）或者铅笔书写。”在会计的记账书写中，数字的颜色是重要的语素之一，它同数字和文字一起传达出会计信息。如同数字和文字错误会表达错误的信息，书写墨水的颜色用错了，其导致的概念混乱也不亚于数字和文字错误。

（5）特殊记账使用红色墨水。下列情况，可以用红色墨水记账：

① 按照红字冲账的记账凭证，冲销错误记录；

② 在不设借贷等栏的多栏式账页中，登记减少数；

③ 在三栏式账户的余额栏前，如未印明余额方向的，在余额栏内登记负数余额；

④ 根据国家统一会计制度的规定可以用红字登记的其他会计记录。

（6）顺序连续登记。“各种账簿按页次顺序连续登记，不得跳行、隔页。如果发生跳行、隔页，应当将空行、空页划线注销，或者注明‘此行空白’‘此页空白’字样，并由记账人员签名或者盖章。”这对堵塞在账簿登记中可能出现的漏洞，是十分必要的防范措施。

（7）结出余额。“凡需要结出余额的账户，结出余额后，应当在‘借或贷’等栏内写明‘借’或者‘贷’等字样。没有余额的账户，应当在‘借或贷’等栏内写‘平’字，并在余额栏内用‘0’表示。现金日记账和银行存款日记账必须逐日结出余额。”一般说来，对于没有余额的账户，在余额栏内标注的“0”应当放在“元”位。

(8) 过次承前。“每一账页登记完毕结转下页时，应当结出本页合计数及余额，写在本页最后一行和下页第一行有关栏内，并在摘要栏内注明‘过次页’和‘承前页’字样；也可以将本页合计数及金额只写在下页第一行有关栏内，并在摘要栏内注明‘承前页’字样。”也就是说，“过次页”和“承前页”的方法有两种：一是在本页最后一行内结出发生额合计数及余额，然后过次页并在次页第一行承前页；二是只在次页第一行承前页写出发生额合计数及余额，不在上页最后一行结出发生额合计数及余额后过次页。

(9) 登记发生错误时，必须按规定方法更正，严禁刮、擦、挖、补，或使用化学药物清除字迹。发现差错必须根据差错的具体情况采用划线更正、红字更正、补充登记等方法更正。

(五) 对账

对账，是指核对账目。为了保证账簿记录的真实、正确、可靠，对账簿和账户所记录的有关数据加以检查和核对就是对账工作。应坚持对账制度，通过对账工作，检查账簿记录内容是否完整，有无错记或漏记，总分类账与明细分类账数字是否相等，以做到账证相符、账账相符、账实相符。

1. 账证相符

月终要对账簿记录和会计凭证进行核对，以发现错误之处，并进行更正，这也是保证账账相符、账实相符的基础。核对账证是否相符的主要方法如下：

(1) 看总账与记账凭证汇总表是否相符。

(2) 看记账凭证汇总表与记账凭证是否相符。

(3) 看明细账与记账凭证及所涉及的支票号码及其他结算票据种类等是否相符。

2. 账账相符

账账相符，是指各种账簿之间的核对相符，主要包括本单位各种账簿之间的有关指标应该核对相符，本单位同其他单位的往来账项应该核对相符。具体方法如下：

(1) 总账资产类账户余额=Σ总账负债、所有者权益账户余额。

(2) Σ总账各账户借方发生额（或贷方发生额）=Σ总账各账户贷方发生额（或借方发生额）。

(3) 总分类账户与其所属的各个明细分类账户之间本期发生额的合计数应相等。

(4) 总分类账户与其所属的各个明细分类账户之间的期初、期末余额的合计数应相等。

(5) 会计部门的有关财产物资的明细分类账的余额应该同财产物资保管部门和使用部门经管的明细记录的余额定期核对相符。

(6) 各种有关债权、债务明细账的余额应当经常或定期同有关的债务人、债权人核对相符。

(7) 现金、银行存款日记账余额应该同总分类账有关账户的余额定期核对相符。

3．账实核对

账实核对，是指各种财产物资的账面余额与实际数额相核对。主要方法如下：

(1)现金日记账的账面余额与现金实际库存数额每日核对，并填写库存现金核对情况报告单作为记录。发生长、短款时，应即列作“待处理财产损溢”，待查明原因经批准后再进行处理。单位会计主管应经常检查此项工作。

(2)对库存现金进行清查核对时，出纳人员必须在场，不允许以借条、收据充抵现金。要查明库存现金是否超过限额、是否存在坐支问题。

(3)银行存款日记账的账面余额与开户银行对账单核对。每收到一张银行对账单，经管人员应在3日内核对完毕，每月编制一次银行存款余款调节表。会计主管人员每月至少检查一次，并写出书面检查意见。

(4)有价证券账户应与单位实存有价证券(如国库券、重点企业债券、股票或收款票据等)核对相符，每半年至少核对一次。

(5)商品、产品、原材料等明细账的账面余额，应定期与库存数相核对；对其他财产物资账户也要定期核对。年终要进行一次全面的清查。

(6)各种债权、债务类明细账的账面余额要与债权人、债务人的账面记录核对、清理。对于核对、清理结果，要及时以书面形式向会计主管人员汇报，并报单位领导人。对于存在的问题应采取措施，积极解决。

(7)出租、租入、出借、借入财产等账簿，除合同期满应进行清结外，至少每半年核对一次，以保证账实相符。

通过上述对账工作，做到账证相符、账账相符和账实相符，使会计核算资料真实、正确、可靠。

(六)账簿结账

结账是为了总结某一个会计期间内的经济活动的财务收支状况，据以编制财务会计报表，而对各种账簿的本期发生额和期末余额进行的计算总结。直观地说，结账就是结算各种账簿记录，它是在将一定时期内所发生的经济业务全部登记入账的基础上，将各种账簿的记录结算出本期发生额和期末余额的过程。

会计人员应按照规定，对现金、银行存款日记账按日结账，对其他账户按月、季、年结账。

1．月结

应在该月最后一笔经济业务下面划一条通栏单红线，在红线下“摘要”栏内注明“本月合计”“本月发生额及余额”字样，在“借方”栏、“贷方”栏或“余额”栏分别填入本月合计数和月末余额，同时在“借或贷”栏内注明借贷方向。然后，在这一行下面再划一条通栏单红线，以便与下月发生额划清。

2．季结

通常在每季度的最后一个月月结的下一行，在“摘要”栏内注明“本季合计”或“本季度发生额及余额”，同时结出借、贷方发生总额及季末余额。然后，在这一行下面划一条通栏单红线，表示季结的结束。

3．年结

在第四季度季结的下一行，在“摘要”栏注明“本年合计”或“本年发生额及余额”，同时结出借、贷方发生额及期末余额。然后，在这一行下面划上通栏双红线，以示封账。

4．年度结账后

总账和日记账应当更换新账，明细账一般也应更换。但有些明细账，如固定资产明细账等可以连续使用，不必每年更换。年终时，要把各账户的余额结转到下一会计年度，只在摘要栏注明“结转下年”字样，结转金额不再抄写。如果账页的“结转下年”行以下还有空行，应当自余额栏的右上角至日期栏的左下角用红笔划对角斜线注销。在下一会计年度新建有关会计账簿的第一行余额栏内填写上年结转的余额，并在摘要栏注明“上年结转”字样。

（七）编制财务会计报告

编制财务会计报告是定期向财务会计报告使用者提供与企业财务状况、经营成果和现金流量等有关的会计信息，反映企业管理层受托责任履行情况的一种专门方法。编制财务会计报告有助于财务会计报告使用者作出经济决策。

《会计法》第二十条第二款规定：“财务会计报告由会计报表、会计报表附注和财务情况说明书组成。”其中会计报表为会计报告的主要构成部分。在编制财务会计报表时应坚持以下几点要求。

1．财务报表应以持续经营为基础编制

企业应当以持续经营为基础，根据实际发生的交易和事项，按照《企业会计准则——基本准则》和其他各项会计准则的规定进行确认和计量，在此基础上编制财务报表。管理层应对是否能够持续经营进行评估，若某些重大不确定因素可能导致对主体持续经营产生严重怀疑时，应对不确定因素充分披露。但企业不能以附注披露代替确认和计量。以持续经营为基础编制财务报表不再合理的，企业应当采用其他基础编制财务报表，并在附注中披露这一事实。企业在当期已经决定或正式决定下一个会计期间进行清算或停止营业，表明其处于非持续经营状态，应当采用其他基础编制财务报表，如破产企业的资产应当采用可变现净值计量等，并在附注中声明财务报表未以持续经营为基础列报，披露未以持续经营为基础的原因以及财务报表的编制基础。

2．保证列报的一致性

列报一致性要求财务报表中的列报和分类应在各期间之间保持一致，除非准则要求改变，或主体的经营性质发生重大变化，改变后的列报能够提供更可靠的且与财务报告使用者更相关的信息，同时不损害可比信息。

3．重要性项目单独列报

性质或功能类似的项目，其所属类别具有重要性的，应当按其类别在财务报表中单独列报。性质或功能不同的项目，应当在财务报表中单独列报，但不具有重要性的项目除外。

如果项目的省略或误报会单独或共同影响内外部使用者作出经济决策，则该项目是重要的。重要性应当根据企业所处环境，从项目的性质和金额大小两方面加以判断。其中：项目的性质应当考虑该项目是否属于企业日常活动、是否对企业的财务状况和经营成果具有较大影响等因素；项目金额大小的重要性，应当通过单项金额占资产总额、负债总额、所有者权益总额、营业收入总额、净利润等直接相关项目金额的比重加以确定。

4．有关抵销的界定

财务报表中的资产项目和负债项目的金额、收入项目和费用项目的金额不得相互抵销，单独列报资产和负债、收益和费用可使使用者更易理解已发生的交易、其他事项的情况，以及评估主体未来的现金流量。

资产项目按扣除减值准备后的净额列示，不属于抵销。如存货跌价准备与存货项目、应收账款计提的坏账准备与应收账款项目按抵减后的余额列报不属于抵销。

非日常活动产生的损益，以收入扣减费用后的净额列示，不属于抵销。如非流动资产处置产生的利得与损失，按处置收入扣除该资产账面金额与相关销售费用后的余额列报不属于抵销。若这些利得与损失是重要的则应单独列报。

5．财务报告中应列报所有金额的前期比较信息

当期财务报表的列报，至少应当提供所有列报项目上一可比会计期间的比较数据，以及与理解当期财务报表相关的说明，其他会计准则另有规定的除外。

当期财务报表项目的列报发生变更的，应当对上期比较数据按照当期的列报要求进行调整，并在附注中披露调整的原因和性质，以及调整的各项目金额。对上期比较数据进行调整不切实可行（不切实可行，是指企业在做出所有合理努力后仍然无法采用某项规定）的，应当在附注中披露不能调整的原因。

6．披露要求

企业应当在财务报表的显著位置至少披露下列各项：

(1) 编报企业的名称；

(2) 资产负债表日或财务报表涵盖的会计期间；

(3) 人民币金额单位；

(4) 财务报表是合并财务报表的，应当予以标明。

企业至少应当按年编制财务报表。年度财务报表涵盖的期间短于一年的，应当披露年度财务报表的涵盖期间，以及短于一年的原因。

(八) 会计档案的整理立卷

各单位每年形成的会计档案，都应由财务会计部门按照归档的要求，负责整理立卷或装订成册。当年会计档案，在会计年度终了后，可暂由本单位财务会计部门保管一年。期满之后，原则上应由财务会计部门编造清册移交本单位的档案部门保管。财务会计部门和经办人必须按期将应当归档的会计档案，全部移交档案部门，不得自行封包保存。档案部门必须按期点收，不得推诿拒绝。

档案部门接收保管的会计档案，原则上应当保持原卷册的封装，个别需要拆封重新整

理的，应当会同原财务会计部门和经办人共同拆封整理，以分清责任。档案部门对于违反会计档案管理制度的，有权进行检查纠正；情节严重的，应当报告本单位领导或财政、审计机关严肃处理。

各单位对会计档案必须进行科学管理，做到妥善保管、存放有序、查找方便。同时，严格执行安全和保密制度，不得随意堆放，严防毁损、散失和泄密。

各单位保存的会计档案应为本单位积极提供利用，向外单位提供利用时，档案原件原则上不得借出，如有特殊需要，须报经上级主管单位批准，但不得拆散原卷册，并应限期归还。

撤销、合并单位和建设单位完工后的会计档案，应随同单位的全部档案一并移交给指定的单位，并按规定办理交接手续。

（九）会计核算基本流程图

会计核算基本流程图见图 1-10。

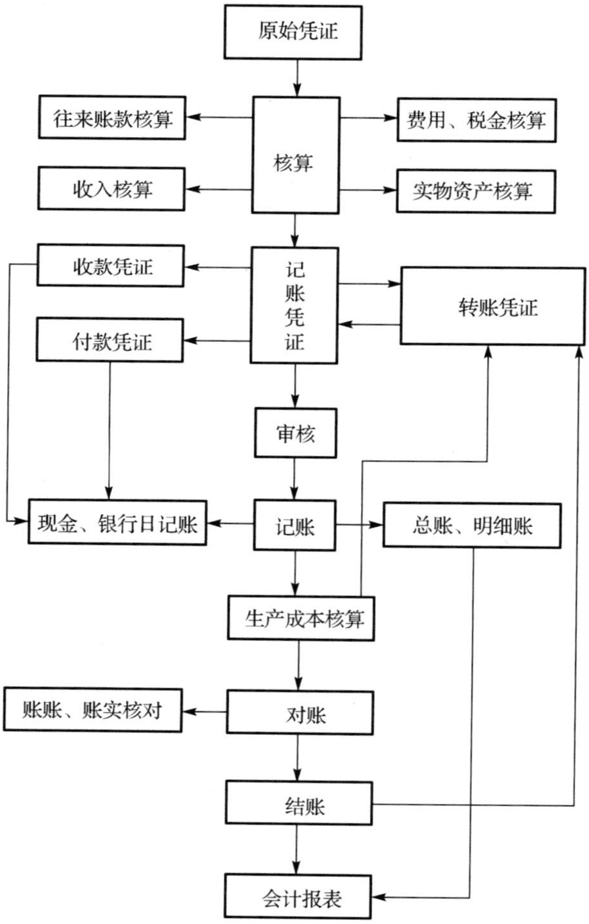

图 1-10　会计核算基本流程图

三、会计学基础实训用具

(1) 记账凭证(见实训手册)。
(2) 科目汇总表(见实训手册)。
(3) 总账账页(见实训手册)。
(4) 银行存款日记账账页(见实训手册)。
(5) 库存现金日记账账页(见实训手册)。
(6) 三栏式账页(见实训手册)。
(7) 数量金额式账页(见实训手册)。
(8) 多栏式账页(见实训手册)。
(9) 试算平衡表(见实训手册)。
(10) 资产负债表(见实训手册)。
(11) 利润表(见实训手册)。
(12) 记账凭证封面(见实训手册)。
(13) 记账凭证包角(见实训手册)。
(14) 蓝、黑、红水性笔，胶水，计算器，小刀(学生自备)。
(15) 会计凭证装订机(实训室备)。

第二章

会计学基础实训仿真基础资料

一、模拟企业基本情况

企业名称：福建福理有限责任公司
公司企业地址及电话：潘渡路 352 号 05915678
企业代码：51035599
税务计算机代码：5588990
纳税人识别号：523500007617879798
开户银行：中国工商银行潘渡路支行，账号 13115101040006155
产品生产情况：大量大批生产甲产品和乙产品

二、模拟企业会计核算的有关规定

（一）企业会计工作组织及账务处理

（1）企业会计工作组织形式采用集中核算形式，记账方法采用借贷记账法。

（3）记账凭证可采用收款凭证、付款凭证、转账凭证，也可采用通用记账凭证。记账凭证按月编号，每月每种凭证分别从 1 号开始。

（3）本资料的账务处理程序可以采用以下两种方式中的任意一种：

① 记账凭证账务处理程序（见图 2-1）。总分类账根据每张记账凭证登记，明细分类账根据记账凭证和原始凭证逐笔登记。

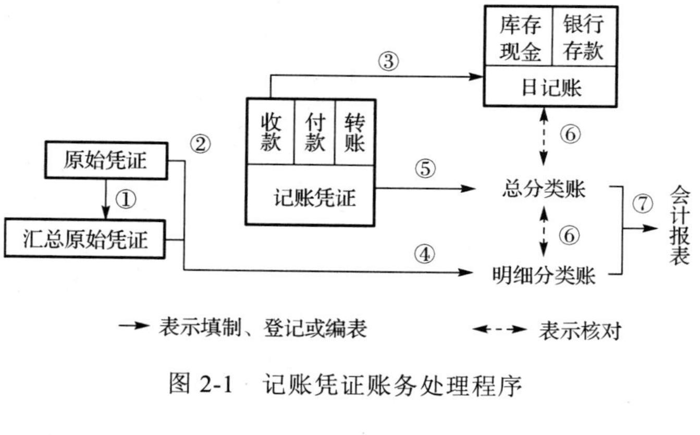

图 2-1 记账凭证账务处理程序

② 科目汇总表账务处理程序(见图 2-2)。科目汇总表每半月汇总一次，总分类账根据科目汇总表登记，每半月登记一次。明细分类账根据记账凭证和原始凭证逐笔登记。

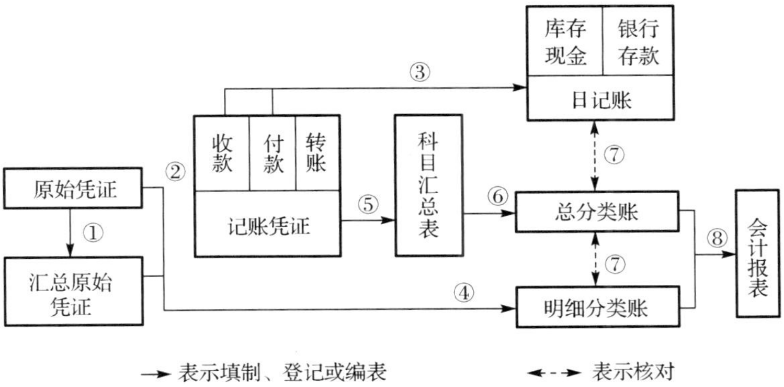

图 2-2　科目汇总表账务处理程序

(4) 企业根据《中华人民共和国会计法》《企业会计准则》《会计基础工作规范》等法律制度的有关规定，开设总分类账、明细分类账及库存现金日记账、银行存款日记账。总分类账采用“借方”“贷方”和“余额”三栏式账簿；明细分类账簿根据需要分别选用三栏式、数量金额式、多栏式等格式账页。

(5) 企业按会计准则的有关规定编制资产负债表、利润表。为了简化，暂不编制现金流量表和所有者权益变动表。

(二) 会计核算的有关规定

(1) 库存现金限额为 10 000 元。

(2) “原材料”和“库存商品”明细账采用数量金额式账页，日常会计核算采用实际成本计价。

(3) “生产成本”明细分类账户设“直接材料”“直接人工”和“制造费用”三个成本专栏。“制造费用”明细账户设“材料费”“人工费”“折旧费”“水电费”“办公费”等费用要素。

(4) 该企业为增值税一般纳税人，使用增值税专用发票，税率为 13%。增值税核算设置“应交税费——应交增值税”和“应交税费——未交增值税”明细账。企业所得税税率为 25%。

(5) 成本计算方法采用品种法，月初无在产品，本月投产的产品月末全部完工。

(6) 在计算分配率、单价等指标时，结果要求精确到小数点后 4 位，尾差按业务需要进行调整。

(7) 损益类账户采用“账结法”。每月末都将各损益类账户转入“本年利润”账户，“本年利润”账户各月末余额，即为截止到本月月末全年累计实现的利润总额，截止到 11 月月末实现利润总额 5 970 000 元。当年实现的净利润在年终进行分配。

(8)会计期间：2020 年 1 月 1 日至 12 月 31 日。模拟实训业务期间：2020 年 12 月 1 日至 12 月 31 日。

三、模拟企业主要供应商及客户相关资料

（一）公司主要供应商

(1)江西安胜有限责任公司，提供 A 材料、B 材料；
(2)湖北长希有限责任公司，提供 A 材料、B 材料；
(3)山东灿荣有限责任公司，提供 B 材料、C 材料。

（二）公司主要客户

(1)广东锦江有限责任公司，购买甲产品、乙产品；
(2)福建华夏有限责任公司，购买甲产品、乙产品；
(3)河北星瑞有限责任公司，购买甲产品、乙产品。

（三）公司主要供应商及客户资料

公司主要供应商及客户资料见表 2-1。

表 2-1　公司主要供应商及客户资料

单位名称	地址	电话	开户银行	账号	税务登记号
江西安胜有限责任公司	庆丰街 116 号	55789113	工行庆丰街支行	46857661	354011226536688
湖北长希有限责任公司	新新路 357 号	87658647	工行新新路支行	56552562	401146522364667
山东灿荣有限责任公司	高新区 373 号	65883266	工行高新区支行	65667283	510546753245236
广东锦江有限责任公司	大贵路 178 号	65425899	工行大贵路支行	75387624	615835646876225
福建华夏有限责任公司	华夏路 735 号	55765542	工行华夏路支行	85626675	751246597836854
河北星瑞有限责任公司	科技区 885 号	88664655	工行科技路支行	96856756	811565847267983

第三章

会计学基础仿真实训账簿体系设置

一、总分类账设置

总分类账(简称总账)，是根据会计科目设置的，是总括反映全部经济业务和资金状况的账簿。通过总分类账提供的资料，可以概括地了解企业的经济活动和财务状况，据以检查分析计划执行情况和编制会计报表。各单位都必须设置总分类账簿。

账簿体系的设置，要根据各个企业规模的大小、经济业务的繁简和加强管理的实际需要而定。一切独立核算的企业都必须设置总账，而且应以财政部颁布的企业会计科目为依据，通常为订本式的三栏式账页。

(一) 总账账户期初余额

表 3-1 是福建福理有限责任公司 2020 年 12 月月初总账账户的期初余额表。学生应根据该总账账户期初余额表给出的账户和期初余额，开设总分类账。

表 3-1 总账账户期初余额表

单位：元

序号	科目代码	账户名称	借方余额	贷方余额
1	1001	库存现金	9 000	
2	1002	银行存款	1 718 000	
3	1122	应收账款	2 100 000	
4	1123	预付账款		
5	1221	其他应收款		
6	1402	在途物资		
7	1403	原材料	1 192 000	
8	1405	库存商品	922 680	
9	1601	固定资产	11 660 000	
10	1602	累计折旧		1 117 520
11	2001	短期借款		2 400 000
12	2202	应付账款		716 000
13	2203	预收账款		
14	2211	应付职工薪酬		688 560
15	2221	应交税费	1 234 400	

续表

序号	科目代码	账户名称	借方余额	贷方余额
16	2231	应付利息		12 000
17	2232	应付股利		
18	4001	实收资本		7 000 000
19	4002	资本公积		400 000
20	4101	盈余公积		220 000
21	4103	本年利润		5 970 000
22	4104	利润分配		312 000
23	5001	生产成本		
24	5101	制造费用		
25	6001	主营业务收入		
26	6301	营业外收入		
27	6401	主营业务成本		
28	6403	税金及附加		
29	6601	销售费用		
30	6602	管理费用		
31	6603	财务费用		
32	6711	营业外支出		
33	6801	所得税费用		
合计			18 836 080	18 836 080

(二)2020 年 1 ~ 11 月损益类账户累计发生额

按照账结法，损益类账户没有期初余额。但企业在编制利润表和进行所得税汇算清缴时，必须利用本年损益类账户的累计发生额。

表 3-2 是福建福理有限责任公司 2020 年 1 ~ 11 月的损益类账户累计发生额表。

表 3-2　2020 年 1～11 月损益类账户累计发生额表

单位：元

项目	1 ~ 11 月累计发生额
主营业务收入	1 400 000
营业外收入	58 000
主营业务成本	6 300 000
税金及附加	280 000
销售费用	350 000
管理费用	910 000
财务费用	128 000
营业外支出	120 000
所得税费用	

二、明细分类账设置

明细分类账是根据二级或明细科目设置的，是连续地记录和反映企业某项资产或负债、所有者权益及收支情况的账簿。通过明细分类账提供的资料，可以具体了解各种财产物资的详细内容。设置明细分类账有利于加强资金的管理和使用，增收节支，并为编制会计报表提供必需的明细资料。各单位都要根据实际需要和有关规定，设置明细分类账。

（一）三栏式明细分类账设置

三栏式明细分类账格式与总账格式相同。它主要适用于只要求反映金额的经济业务，如应收账款、应付账款、其他应收款等结算业务的明细分类核算。

福建福理有限责任公司三栏式明细分类账2020年12月月初余额见表3-3。

表3-3　2020年12月月初明细分类账余额表

单位：元

总账账户	明细账户	借方余额	贷方余额
应收账款	锦江公司	1 100 000	
	星瑞公司	1 000 000	
预付账款	灿荣公司		
其他应收款	范均军		
	张花		
在途物资	A材料		
	B材料		
应付账款	安胜公司		516 000
	长希公司		200 000
预收账款	华夏公司		
应付职工薪酬	工资		604 000
	福利费		84 560
应交税费	未交增值税		96 000
	应交城建税		6 720
	应交教育费附加		2 880
	应交所得税	1 340 000	
利润分配	提取法定盈余公积金		
	应付现金股利		
	未分配利润		312 000
主营业务收入	甲产品		
	乙产品		
主营业务成本	甲产品		
	乙产品		

（二）数量金额式明细分类账设置

数量金额式明细分类账适用于既需要反映金额又需要反映数量的经济业务，如原材料、库存商品等财产物资的明细分类核算。

福建福理有限责任公司 2020 年 12 月月初原材料、库存商品结存情况见表 3-4。

表 3-4　2020 年 12 月月初原材料、库存商品结存情况表

总账账户	明细账户	计量单位	数量	单价/元 · 千克$^{-1}$	金额/元
原材料	A 材料	千克	16 000	25	400 000
	B 材料	千克	24 000	32	768 000
	C 材料	千克	2 400	10	24 000
库存商品	甲产品	件	6 500	77.98	506 870
	乙产品	件	3 000	138.60	415 800

（三）多栏式明细分类账设置

多栏式明细分类账适用于生产成本、制造费用、管理费用等明细分类核算。

福建福理有限责任公司多栏式明细账设置表见表 3-5。

表 3-5　福建福理有限责任公司多栏式明细账设置表

账户名称	成本项目	账户名称	成本项目
生产成本——甲产品	直接材料	管理费用	办公费
	直接人工		材料费
	制造费用		修理费
生产成本——乙产品	直接材料		租赁费
	直接人工		人工费
	制造费用		差旅费
制造费用	材料费		折旧费
	人工费		水电费
	折旧费		业务招待费
	水电费		其他
	办公费		
	其他		

三、日记账设置

日记账（又叫序时账）是按照经济业务发生的时间顺序，逐日逐笔地登记经济业务的账簿。在实际工作中使用的日记账，主要是出纳账，包括现金日记账和银行存款日记账两种。

这两种日记账由会计部门的出纳人员经管，并根据现金和银行存款的收款凭证和付款

凭证逐日逐笔登记。日记账可以用来记录全部经济业务的完成情况，也可以用来记录某一类经济业务的完成情况。福建福理有限责任公司日记账设置见表 3-6。

表 3-6　福建福理有限责任公司日记账设置表

单位：元

账户名称	借方余额
库存现金	9 000
银行存款	1 718 000

第四章

会计学基础仿真实训业务资料

一、2020 年 12 月的业务资料

(一) 国内业务

福建福理有限责任公司 2020 年 12 月国内发生的经济业务如下：

(1) 12 月 1 日，向锦江公司销售甲产品 2 000 件，每件售价 220 元，价款 440 000 元；乙产品 100 件，每件售价 400 元，价款 40 000 元；增值税 62 400 元。以银行存款为对方代垫运费 24 000 元，已向银行办妥委托收款手续，款项尚未收到。

(2) 12 月 1 日，开出现金支票，支取现金 6 000 元。

(3) 12 月 1 日，以银行存款向灿荣公司预付购买 B 材料和 C 材料的货款 200 000 元。

(4) 12 月 1 日，支付现金 1 130 元(含增值税)，用于办公设备修理。

(5) 12 月 1 日，以银行存款购买办公用品，直接交付使用，其中：行政管理部门办公用品费 1 000 元，生产车间办公用品费 500 元(增值税数额见对应原始凭证)。

(6) 12 月 1 日，生产车间领用材料，用于产品生产和一般消耗。

(7) 12 月 2 日，向星瑞公司销售甲产品 3 000 件，每件售价 220 元，价款 660 000 元；乙产品 1 200 件，每件售价 400 元，价款 480 000 元；增值税销项税额 148 200 元，款项已收并存入银行。

(8) 12 月 3 日，签发转账支票，向希望工程捐款 20 000 元。

(9) 12 月 4 日，购入计算机 5 台，买价 44 000 元，增值税 5 720 元，款项已全部用银行存款支付，设备已交付相关部门使用。

(10) 12 月 4 日，根据合同规定，预收华夏公司购货款 800 000 元，存入银行。

(11) 12 月 5 日，从长希公司购入 A 材料、B 材料，收到增值税专用发票，注明 A 材料数量 16 000 千克，单价 24 元/千克，金额 384 000 元，增值税 49 920 元；B 材料数量 20 000 千克，单价 31 元/千克，金额 620 000 元，增值税 80 600 元，已开出转账支票支付了全部款项，材料尚未运达公司。

(12) 12 月 5 日，收到灿荣公司发来的、已预付货款的材料，其中：B 材料 8 000 千克，单价 32 元/千克，价款 256 000 元，C 材料 4 000 千克，单价 10 元/千克，价款 40 000 元，增值税专用发票注明的税款 38 480 元。材料已验收入库。

(13) 12 月 6 日，用银行存款 19 620 元(含增值税)，支付上述采购 A、B 两种材料的

运杂费。(运杂费按 A、B 材料重量比例分配。)

(14) 12 月 6 日，从银行取得为期 6 个月的借款 1 000 000 元，年利率 6%，利息每季度支付一次，款项已转存银行。

(15) 12 月 6 日，行政管理部门一般消耗领用 C 材料 200 千克，单价 10 元/千克，金额 2 000 元。

(16) 12 月 6 日，大发公司以一台设备向企业投资，双方协商作价 200 000 元，设备已交付生产车间使用。

(17) 12 月 7 日，收到利民公司投入的货币资金 400 000 元，存入银行。

(18) 12 月 7 日，以银行存款 4 520 元(含增值税)支付产品宣传费。

(19) 12 月 7 日，采购员范均军出差，预借差旅费 4 000 元，以现金支付。

(20) 12 月 8 日，从长希公司购入的 A、B 材料已到，并如数验收入库，结转材料的实际采购成本。

(21) 12 月 9 日，采购员范均军出差回来报销差旅费 4 600 元，补给现金 600 元。

(22) 12 月 9 日，收到锦江公司之前欠的货款 70 200 元，存入银行。

(23) 12 月 10 日，开出现金支票，从银行提取现金 604 000 元，准备发放上月工资。

(24) 12 月 10 日，以库存现金 604 000 元，支付职工工资。

(25) 12 月 11 日，用现金 3 000 元支付职工困难补助费。

(26) 12 月 12 日，用现金 565 元(含增值税)购买办公用品，直接交付行政管理部门使用。

(27) 12 月 12 日，开出现金支票，提取现金 1 000 元，备用。

(28) 12 月 13 日，用银行存款支付前欠安胜公司的货款 316 000 元。

(29) 12 月 14 日，通过工商银行缴纳上月应交未交的增值税 96 000 元、城市维护建设税 6 720 元、教育费附加 2 880 元、所得税 120 000 元。

(30) 12 月 15 日，开出现金支票，提取现金 4 000 元，备用。

(31) 12 月 15 日，收到安心物业公司因违反服务合同有关条款而支付的罚款 10 000 元，款项已存入银行。

(32) 12 月 16 日，生产车间生产甲产品领用 A 材料 6 000 千克，单位成本 24 元，领用 B 材料 5 000 千克，单位成本 31 元；生产乙产品领用材料 A 材料 3 000 千克，单位成本 24 元，领用 B 材料 6 000 千克，单位成本 31 元。生产车间一般消耗 A 材料 1 000 千克，单位成本 24 元；生产车间一般消耗 B 材料 500 千克，单位成本 31 元；生产车间一般消耗 C 材料 1 000 千克，单位成本 10 元。

(33) 12 月 17 日，用银行存款 21 200 元支付产品广告费。

(34) 12 月 17 日，收到锦江公司前欠的货款 566 400 元，存入银行。

(35) 12 月 18 日，管理部门张花出差，预借差旅费 2 000 元，以现金支付。

(36) 12 月 19 日，用银行存款支付管理部门本月租入的办公设备的租金 1 130 元。

(37) 12 月 21 日，补付灿荣公司的货款 134 480 元，以转账支票支付。

(38) 12 月 22 日，接到银行通知，本月的银行借款利息 12 000 元，已从本公司的银行存款账户划付。

(39) 12 月 22 日，办公室张花出差回来报销差旅费 1 600 元，退回现金 400 元。

(40) 12 月 22 日，从安胜公司购入 A 材料 200 00 千克，单价 24 元/千克，价款 480 000 元；购入 B 材料 10 000 千克，单价 31 元/千克，价款 310 000 元；增值税专用发票上注明的税款为 102 700 元。安胜公司代垫两种材料的运杂费 9 000 元，运费增值税专用发票上注明的税款是 810 元。全部款项尚未支付，材料正在运输途中(运杂费按 A、B 材料重量比例分配)。

(41) 12 月 25 日，从安胜公司购入的 A 材料、B 材料已运达企业，并如数验收入库，结转其实际采购成本。

(42) 12 月 25 日，收到自来水公司通知，支付水费价税合计 6 780 元，经审核后以银行存款支付。

(43) 12 月 26 日，收到电力公司通知，支付电费价税合计 18 080 元，经审核后以银行存款支付。

(44) 12 月 28 日，按合同规定，预收货款后向华夏公司发出甲产品 1 500 件，每件售价 220 元，价款 33 0000 元；乙产品 1 000 件，每件售价 400 元，价款 400 000 元；增值税销项税额 94 900 元，抵预收货款后，不足款项尚未收到。

(45) 12 月 28 日，用现金 800 元支付业务招待费。

(46) 12 月 30 日，以银行存款归还到期短期借款 500 000 元。

(47) 12 月 31 日，分配本月工资费用。

(48) 12 月 31 日，按职工工资总额的 14%计提职工福利费。

(49) 12 月 31 日，计提本月固定资产折旧费 25 550 元，其中生产车间固定资产折旧费 16 300 元，行政管理部门固定资产折旧费 9 250 元。

(50) 12 月 31 日，按照本月甲、乙产品生产工人工资比例分配结转本月发生的制造费用。

(51) 12 月 31 日，本月投产的甲产品 12 500 件、乙产品 8 000 件全部完工，并已验收入库，计算并结转其完工产品的生产成本。

(52) 12 月 31 日，计算并结转本月产品销售成本。

(53) 12 月 31 日，转出未交增值税，并计算本月应负担的城市维护建设税和教育费附加。

(54) 12 月 31 日，将本月各项收入账户的发生额结转到“本年利润”账户的贷方。

(55) 12 月 31 日，将本月各项费用账户的发生额结转到“本年利润”账户的借方。

(56) 12 月 31 日，按规定计算本年应交的所得税(假定无纳税调整项目，所得税税率 25%，不考虑递延所得税)。

(57) 12 月 31 日，将“所得税费用”账户的本月发生额转入“本年利润”账户的借方。

(58) 12 月 31 日，根据企业利润分配方案，按本年实现的净利润的 10%提取法定盈余公积金；按本年净利润的 30%计算应分配给投资者的利润。

(59) 12 月 31 日，将本年实现的净利润转入“利润分配——未分配利润”账户。

(60) 12 月 31 日，将“利润分配”账户下其他明细分类账户余额转入“利润分配——未分配利润”账户。

（二）国外业务

假设福建福理有限责任公司是一家具有进出口经营权的生产型公司，选择确定的记账本位币为人民币，其外币交易记账汇率采用交易日即时市场汇率（即期汇率）。2020 年 12 月 1 日各类账户的期初余额见图 4-1 所示。

账户名称	外币金额	汇率	人民币金额（元）
银行存款——泰铢户	THB 20 000 000	0.218 3	4 366 000
银行存款——港元户	HKD 50 000	0.90	45 000
应收账款——A 客户（泰铢）	THB 3 000 000	0.218 3	654 900
应付账款——B 客户（泰铢）	THB 5 000 000	0.218 3	1 091 500

图 4-1　2020 年 12 月 1 日各类账户的期初余额

该公司 12 月份有以下业务：

（1）12 月 2 日，上月国外 M 公司所欠货款 300 000 泰铢今日收到入账，当日即期汇率 1 泰铢=0.218 2 元。

（2）12 月 12 日，向国外 M 公司出口产品一批，CIF 价为 500 000 泰铢，货款尚未收到，当日即期汇率为 1 泰铢=0.218 1 元。

（3）12 月 13 日，从泰铢银行存款户中支付上月所欠国外 W 公司货款 250 000 泰铢，当日即期汇率为 1 泰铢=0.218 3 元。

（4）12 月 15 日，从国外 F 公司进口甲材料 50 吨，每吨单价 30 000 泰铢，当日即期汇率 1 泰铢=0.218 2 元，货款尚未支付。

（5）12 月 16 日，将 2 000 000 泰铢兑成人民币，当日即期汇率买入价为 1 泰铢=0.218 4 元，中间价为 1 泰铢=0.218 3 元。

二、2020 年 12 月的原始凭证

1-1*

增值税专用发票　　NO0000020201201

开票日期：2020年12月01日

购买方	名　称：广东锦江有限责任公司 纳税人识别号：615835646876225 地址、电话：大贵路178号 65425899 开户行及账号：工行大贵路支行　75387624	密码区	67/*+3*0/611*++0/+0*/*+3+2/9 *11*+66666**066611*+66666* 1**+216***6000*261*2*4/*547 203994+-42*64151*6915361/3*

货物或应税劳务、服务名称	规格型号	单位	数量	单价	金额	税率	税额
甲产品		件	2000	220.00	440000.00	13%	57200
乙产品		件	100	400.00	40000.00	13%	5200
合　计					¥ 480000		¥ 62400
价税合计（大写）	伍拾肆万贰仟肆佰元整				（小写）¥ 542400.00		

销售方	名　称：福建福理有限责任公司 纳税人识别号：523500007617879798 地址、电话：香渡路352号 05915678 开户行及账号：中国工商银行香渡路支行 13115101040006155	备注	

收款人：xxx　　复核：xxx　　开票人：xxx　　销售方：（章）

第一联：记账联　销售方记账凭证

1-2

中国工商银行
转账支票存根
NOOO2020120

附加信息

出票日期　2020　年12　月01　日

收款人：	福建天马运输有限责任公司
金　额：	¥24000.00
用　途：	运费

单位主管　xxxx　　　会计　xxxx

1-3

出库单　　**No 00020201201**

会计部门编号　xxxxxxxx
仓库部门编号　######　　　2020 年 12 月 01 日

编号	名称	规格	单位	出库数量	单价	金额	备注
101	甲产品		件	2000	220.00	440000.00	
102	乙产品		件	100	400.00	40000.00	
	合　计					480000.00	

第二联交财务部

生产车间或部门：xxxxx　　　仓库管理员：xxxx

* 序号对应前面的业务序号。

2-1

中国工商银行
现金支票存根
10203310
10613654

附加信息

出票日期2020 年12 月1日

收款人 福建福理有限责任公司

金 额 ¥6000.00

用 途 备用金

单位主管 会计

3-1

中国工商银行
转账支票存根
NO0020201201

附加信息

出票日期 2020 年 12 月 01 日

收款人: 山东灿荣有限责任公司

金 额: ¥200000.00

用 途: 购买材料预付款

单位主管 xxxx 会计 xxx

4-1

费用报销审批单

部门: 行政管理部门 2020 年 12 月 01 日

经手人	xxxx	事由	办公设备修理费	
项目		金额	付款方式	备注
办公设备修理费		¥1130.00	现金	
		现金付讫		
合计		¥1130.00		
公司领导审批意见	财务主管	部门领导	出纳	经手人
同意 xxx	xxxx	xxxx	xxxc	xxxx

4-2

增值税专用发票　　NO0000020201202

开票日期：2020年12月01日

购买方	名　　称：福建福理有限责任公司 纳税人识别号：523500007617879798 地址、电话：潘渡路352号 05915678 开户行及账号：中国工商银行潘渡路支行 13115101040006155	密码区	67/*+3*0/611*++0/+0*/*+3+2/9 *11*+66666**066611*+66666* 1**+216***6000*261*2*4/*547 203994+-42*64151*6915361/3*

货物或应税劳务、服务名称	规格型号	单位	数量	单价	金额	税率	税额
修理费			1	1000.00	1000.00	13%	130.00
合　计					¥ 1000.00		¥ 130.00
价税合计（大写）	壹仟壹佰叁拾元整				（小写）	¥ 1130.00	

销售方	名　　称：福建永新有限责任公司 纳税人识别号：585969670070808374 地址、电话：贵安路234号 05911234 开户行及账号：工行贵安支行 13153848959606070	895960778901234 发票专用章

收款人：xxx　　复核：xxx　　开票人：xxx　　销售方：（章）xxx

第三联：发票联　购买方记账凭证

5-1

增值税专用发票　　NO0000020201203

开票日期：2020年12月01日

购买方	名　　称：福建福理有限责任公司 纳税人识别号：523500007617879798 地址、电话：潘渡路352号 05915678 开户行及账号：中国工商银行潘渡路支行 13115101040006155	密码区	67/*+3*0/611*++0/+0*/*+3+2/9 *11*+66666**066611*+66666* 1**+216***6000*261*2*4/*547 203994+-42*64151*6915361/3*

货物或应税劳务、服务名称	规格型号	单位	数量	单价	金额	税率	税额
订书机		个	50	20.00	1000.00	13%	130.00
水性笔		盒	50	10.00	500.00	13%	65.00
合　计					¥ 1500.00		¥ 195.00
价税合计（大写）	壹仟陆佰玖拾伍元整				（小写）	¥ 1695.00	

销售方	名　　称：福建盛辉广告有限责任公司 纳税人识别号：347586969446374 85 地址、电话：贵泉路123号 05915643 开户行及账号：工行贵泉分行 13184858595960	230985678901234 发票专用章

收款人：xxxx　　复核：xxxx　　开票人：xxxx　　销售方：（章）xxxx

第三联：发票联　购买方记账凭证

5-2

中国工商银行
转账支票存根
NO0000202012

附加信息

出票日期　2020　年 12 月 01 日

收款人：	福建盛辉广告有限公司
金　额：	¥1695.00
用　途：	购买办公用品

单位主管　xxxx　　会计　xxxxx

5-3

领用单

部门：行政管理部门　　　日期：2020 年 12 月 01 日　　　编号：NO00002020001

项目	物品名称	单位	单价	数量	金额	备注
	订书机	个	20.00	50	1000.00	
合计					1000.00	
备注：						
领料人：	xxx	领料部门负责人	xxxx	发料人：	xxxxx	

第二联记账联

5-4

领用单

部门：生产车间（办公用）　　　日期：2020 年 12 月 01 日　　　编号：NO0000002020002

项目	物品名称	单位	单价	数量	金额	备注
	水性笔	盒	10	50	500	
合计					500	
备注：	办公用					
领料人：	xxxx	领料部门负责人	xxxxx	发料人：	xxxx	

第二联记账联

6-1

领 料 单

仓库：1号仓库　　　2020 年 12 月 01 日　　　领料单编号：202001201

编号	类别	物料名称	规格	单位	数量		实际价格	
					请领	实发	单价	金额
001		A材料		千克	10160	10160	25	254000
002		B材料		千克	8000	8000	32	256000
合计								510000
用途	生产甲产品				领料部门		发料部门	
					负责人	领料人	核准人	发料人
					xxx	xx	xxx	xx

第三联 交财务

6-2

领　料　单

仓库：1号仓库　　2020 年 12 月 01 日　　领料单编号：2020012002

编号	类别	物料名称	规格	单位	数量		实际价格	
					请领	实发	单价	金额
001		A材料		千克	4000	4000	25	100000
002		B材料		千克	15600	15600	32	499200
合计								599200
用途	生产乙产品				领料部门		发料部门	
					负责人	领料人	核准人	发料人
					xxx	xx	xxx	xx

第三联 交财务

6-3

领　料　单

仓库：1号仓库　　2020 年 12 月 01 日　　领料单编号：2020012003

编号	类别	物料名称	规格	单位	数量		实际价格	
					请领	实发	单价	金额
003		C材料		千克	2000	2000	10	20000
合计								20000
用途	生产车间一般耗用				领料部门		发料部门	
					负责人	领料人	核准人	发料人
					xxx	xx	xxx	xx

第三联 交财务

7-1

增值税专用发票　　NO000020201203

全国统一发票监制章 福建 国家税务总局监制

开票日期：2020年12月02日

购买方	名　称：河北星瑞有限责任公司 纳税人识别号：811565847267983 地址、电话：科技区885号 88664655 开户行及账号：工行科技路支行　96856756	密码区：67/*+3*0/611*++0/+0*/*+3+2/9 *11*+66666**066611*+66666* 1**+216***6000*261*2*4/*547 203994+-42*64151*6915361/3*

货物或应税劳务、服务名称	规格型号	单位	数量	单价	金额	税率	税额
甲产品		件	3000	220.00	660000.00	13%	85800.00
乙产品		件	1200	400.00	480000.00	13%	62400.00
合　计					¥ 1140000.00		¥ 148200.00
价税合计（大写）	壹佰贰拾捌万捌仟贰佰元整				（小写）¥ 1288200.00		

销售方	名　称：福建福理有限责任公司 纳税人识别号：523500007617879798 地址、电话：潘渡路352号 05915678 开户行及账号：中国工商银行潘渡路支行 13115101040006155	备注：福建福理有限责任公司 576868789012345 发票专用章

收款人：xxxx　　复核：xxxx　　开票人：xxxx　　销售方：章　　xxxx

国税函 (2014) 257 号浙江印钞厂

第一联：记账联 销售方记账凭证

7-2

中国工商银行进账单（收账通知）　　3

2020 年 12 月 02 日

出票人	全　称	河北星瑞有限责任公司	收款人	全　称	福建福理有限责任公司
	账　号	96856756		账　号	13115101040006155
	开户银行	工行科技路支行		开户银行	中国工商银行潘渡路支行
金额	人民币（大写）	壹佰贰拾捌万捌仟贰佰元整		千百十万千百十元角分	¥ 1 2 8 8 2 0 0 0 0
票据种类	转账支票	票据张数	1张		
票据号码	xxxxxxxxxxxx				
	复核 xxx	记账 xxx		收款人开户银行盖章	xxx

此联是收款人开户银行交给收款人的收账通知

7-3

出库单　　No 0000021

会计部门编号 000012

仓库部门编号 00000123　　2020 年 12 月 02 日

编号	名称	规格	单位	出库数量	单价	金额	备注
011	甲产品		件	3000	220.00	660000.00	
012	乙产品		件	1200	400.00	480000.00	
合　计						1140000.00	

生产车间或部门:　　仓库管理员:

第二联交财务部

8-1

公益事业捐赠统一票据

实训

发票联

捐赠人 福建福理有限责任公司　　2020 年 12 月 03 日　　NO: 0000004586

捐赠项目	实物(外币)种类	数量	金额（千百十万千百十元角分）
希望工程捐赠	人民币		¥ 2 0 0 0 0 0 0
金额合计(小写) ¥20000.00			¥ 2 0 0 0 0 0 0
金额合计(大写) 零 仟 零 佰 零 拾 贰 万 零 仟 零 佰 零 拾 零 元 零 角			

接受单位(盖章): xxxx　　复核人: xxxx　　开票人: xxxxx

第二联 报销凭证

8-2

中国工商银行
转账支票存根
NO000125369

附加信息

出票日期 2020 年12 月03 日

收款人：	福建省希望工程基金会
金 额：	¥20000.00
用 途：	捐赠

单位主管 会计

8-3

费用报销审批单

部门： 行政管理部门 2020 年 12 月 03 日

经手人	xxxx	事由	向希望工程捐赠	
项目		金额	付款方式	备注
向希望工程捐赠		¥20000.00	转账支付	
		转账付讫		
合计		¥20000.00		
公司领导审批意见	财务主管	部门领导	出纳	经手人
同意 xxx	xxxx	xxxx	xxxx	xxxx

9-1

福建增值税专用发票 NO000020201204

开票日期：2020年12月04日

购买方	名 称：福建福理有限责任公司 纳税人识别号：523500007617879798 地址、电话：潘渡路352号 05915678 开户行及账号：中国工商银行潘渡路支行 13115101040006155			密码区	67/*+3*0/611*++0/+0*/*+3+2/9 *11*+66666**066611*+66666* 1**+216***6000*261*2*4/*547 203994+-42*64151*6915361/3*		
货物或应税劳务、服务名称	规格型号	单位	数量	单价	金额	税率	税额
电脑		台	5	8800.00	44000.00	13%	5720.00
合 计					¥ 44000.00		¥ 5720.00
价税合计（大写）	肆万玖仟柒佰贰拾元整				（小写） ¥ 49720.00		
销售方	名 称：福建建辉商贸有限责任公司 纳税人识别号：496968844737363848 地址、电话：贵富路67号 05918765 开户行及账号：工行贵富支行 785969690707070			备注	福建建辉商贸有限责任公司 656474789012345 发票专用章		

收款人：xxxx 复核：xxxx 开票人：xxxx 销售方：章 xxxx

第三联：发票联 购买方记账凭证

国税函(2014) 257号浙江印钞厂

9-2

中国工商银行
转账支票存根
NO0000000256

附加信息

出票日期 2020 年12 月04 日

收款人:	福建建辉商贸有限责任公司
金　额:	¥49720
用　途:	

单位主管 ××× 　　会计 ×××

9-3

费用报销审批单

部门: 行政管理部门 　　2020 年 12 月 04 日

经手人	XXXX	事由	购买电脑	
项目		金额	付款方式	备注
购买电脑		¥49720.00	转账支票	
		转账付讫		
合计		¥49720.00		
公司领导审批意见	财务主管	部门领导	出纳	经手人
同意 XXXX	XXXX	XXXX	XXXX	XXXX

9-4

固定资产交接单

2020 年 12 月 04 日

移交单位	福建建辉商贸有限责任公司	接受单位	福建福理有限责任公司
固定资产名称	联想电脑	规格	LG8100
技术特征		数量	5
附属物			
建造企业		出厂或建成年月	
安装单位		安装完工年月	
原值	44000	其中：安装费	
移交单位负责人	刘飞	接受单位负责人	陈国

10-1

中国工商银行进账单（收账通知） 3

2020 年12 月10 日

出票人	全　称	福建华夏有限责任公司	收款人 全　称	福建福理有限责任公司
	账　号	85626675	账　号	13115101040006155
	开户银行	工行华夏路支行	开户银行	中国工商银行潘渡路支行
金额	人民币（大写）	捌拾万元整	千 百 十 万 千 百 十 元 角 分	¥ 8 0 0 0 0 0 0 0
票据种类	转账支票	票据张数 1		
票据号码	2020121001			
	复核 ×××	记账 ×××		××× 收款人开户银行盖章

此联是收款人开户银行交给收款人的收账通知

11-1

增值税专用发票　NO0000020201205

开票日期：2020年12月05日

购买方	名　称：福建福理有限责任公司 纳税人识别号：523500007617879798 地址、电话：潘渡路352号 05915678 开户行及账号：中国工商银行潘渡路支行 13115101040006155	密码区：67/*+3*0/611*++0/+0*/*+3+2/9 *11*+66666**066611*+66666* 1**+216***6000*261*2*4/*547 203994+-42*64151*6915361/3*

货物或应税劳务、服务名称	规格型号	单位	数量	单价	金额	税率	税额
A材料		千克	16000	24.00	384000.00	13%	49920.00
B材料		千克	20000	31.00	620000.00	13%	80600.00
合　计					¥ 1004000.00		¥ 130520.00
价税合计（大写）	壹佰壹拾叁万肆仟伍佰贰拾元整				（小写） ¥ 1134520.00		

销售方	名　称：湖北长希有限责任公司 纳税人识别号：401146522364667 地址、电话：新新路357号 87658647 开户行及账号：工行新新路支行 56552562	备注

收款人：xxx　复核：xxx　开票人：xxxx　销售方：章 xxxx

国税函(2014) 257 号 [illegible]

第三联：发票联 购买方记账凭证

11-2

中国工商银行
转账支票存根
NO0000234567

附加信息

出票日期	2020 年12 月05 日
收款人：	湖北长希有限责任公司
金　额：	¥1134520.00
用　途：	购买材料

单位主管 xxxxx　会计 xxxxx

12-1

增值税专用发票　　N00000020201206

山东

开票日期：2020年12月03日

购买方	名　称：福建福理有限责任公司 纳税人识别号：523500007617879798 地址、电话：潘渡路352号 05915678 开户行及账号：中国工商银行潘渡路支行 13115101040006155			密码区	67/*+3*0/611*++0/+0*/*+3+2/9 *11*+66666**066611*+66666* 1**+216***6000*261*2*4/*547 203994+-42*64151*6915361/3*		
货物或应税劳务、服务名称	规格型号	单位	数量	单价	金额	税率	税额
B材料		千克	8000	32.00	256000.00	13%	33280.00
C材料		千克	4000	10.00	40000.00	13%	5200.00
合　计					¥ 296000.00		¥ 38480.00
价税合计（大写）	叁拾叁万肆仟肆佰捌拾元整				（小写）¥ 334480.00		
销售方	名　称：山东灿荣有限责任公司 纳税人识别号：510546753245236 地址、电话：高新区373号 65883266 开户行及账号：工行高新区支行　65667283			备注	山东灿荣有限责任公司 576867889012346 发票专用章		

收款人：xxxx　　复核：xxxx　　开票人：xxxx　　销售方：（章）　xxxx

国税函（2014）257号浙江印刷厂

第三联：发票联　购买方记账凭证

12-2

收　料　单

发票号码：xxxx　　2020 年 12 月 05 日　　编号：NO000000002020

供应单位：山东灿荣有限责任公司　　收料仓库：1号仓库

材料类别：xx

材料/编号	物料名称	规格型号	单位	数量		实际成本				
				应收	实收	买价		运杂费	其他	合计
						单价	金额			
002	B材料		千克	8000	8000	32.00	256000.00			256000.00
003	C材料		千克	4000	4000	10.00	40000.00			40000.00
合计							296000.00			296000.00

采购员：xxxx　　检验员：xxxx　　记账员：xxxxxx　　保管员：xxxxx

第三联　记账

13-1

货物运输业增值税专用发票　　No00000000002020201206

湖北

开票日期：2020年12月06日

承运人及纳税人识别号	湖北天马运输有限责任公司 48595969707070990	密码区	>/59220556+4/75>+980/>/59220556+4/75 >/59220556+4/75>+980/>/59220556+4/75 >/59220556+4/75>+980/>/59220556+4/75 >/59220556+4/75>+980/>/59220556+4/75		
实际受票方及纳税人识别号	福建福理有限责任公司 523500007617879798				
收货人及纳税人识别号	福建福理有限责任公司 523500007617879798	发货人及纳税人识别号	湖北长希有限责任公司 401146522364667		
起运地、经由、到达地	湖北至福建				
费用项目及金额	费用项目：运输费　金额：18000.00　费用项目　金额	运输货物信息			
合计金额	¥18000.00	税率	9%	税额	¥1620.00　机器编号 xxxx
价税合计（大写）	人民币壹万玖仟陆佰贰拾元整		（小写）¥ 19620.00		
车种车号	xxxx	车船吨位	xxx	备注	湖北天马运输有限责任公司 23446578901234 发票专用章
主管税务机关及代码	xxxxxxxxxxx				

收款人：xxxx　　复核人：xxxx　　开票人：xxxxx　　承运人：（章）　xxxx

国税函（2014）257号浙江印刷厂

第三联　发票联　受票方付款凭证

13-2

中国工商银行
转账支票存根
NO0002020206

附加信息

出票日期 2020 年 12 月 06 日

收款人：	湖北天马运输有限责任公司
金 额：	¥19620.00
用 途：	运费

单位主管 xxx 会计 xxx

14-1

中国工商银行 **借款借据** （收账通知）

No0001234

科目	银行存款	2020 年 12 月 06 日	银行编号：	记 字 00001234 号

借款人	福建福理有限责任公司	利率(%)	6%	放款账号	13115101040006155
				结算账号	13115101040006155
借款金额(大写)	人民币壹佰万元整			万千百十万千百十元角分	¥ 1 0 0 0 0 0 0 0 0
用 途	资金周转			约定偿还日期	2021 年 5 月 31 日

上列借款已核准发放，并已转入帐户。

此致

单位 中国工商银行潘渡路支行

银行签章

2020 年 12 月 06 日

此联由银行盖章后退回借款单位收执

15-1

领 料 单

仓库： 1号仓库 2020 年 12 月 06 日 领料单编号：NO00020201206

编号	类别	物料名称	规格	单位	数量		实际价格	
					请领	实发	单价	金额
003		C材料		千克	200	200	10.00	2000.00
合计								2000.00
用途	行政管理部门领用				领料部门		发料部门	
					负责人	领料人	核准人	发料人
					xxxx	xxx	xxx	xxxx

第三联 交财务

16-1

投资协议

投资方（以下简称甲方）： 福建大发有限责任公司

地址： 贵荨路888号

电话： 05918888

法人代表： 刘新

受资方（以下简称乙方）： 福建福理有限责任公司

地址： 潘渡路352号

电话： 05915678

法人代表： 陈国

甲乙双方经过友好协商，本着互惠互利、优势互补的合作原则，甲方向乙方投资，投资情况如下：

投资方式	品名	计量单位	数量	市场参考单价	协议单价	投资金额	出资期限
固定资产投入	XXX设备	台	1	¥200000.00	¥200000.00		

甲方缴清出资后，占乙方总资本的 %

一、双方的权利各义务

……

甲方： 福建大发有限责任公司
法定代表（授权代表）：
日期： 2020年12月06日

乙方： 福建福理有限责任公司
法定代表（授权代表）： 陈国
日期： 2020年12月06日

16-2

固定资产交接单

2020 年 12 月 06 日

移交单位	福建大发有限责任公司	接受单位	福建福理有限责任公司
固定资产名称	xx设备	规格	
技术特征		数量	1台
附属物			
建造企业		出厂或建成年月	
安装单位		安装完工年月	
原值	¥200000.00	其中：安装费	
移交单位负责人	刘新	接受单位负责人	陈国

17-1

投资协议

投资方（以下简称甲方）： 福建利民有限责任公司

地址： 贵豪路234号

电话： 05916564

法人代表： 杨英

受资方（以下简称乙方）： 福建福理有限责任公司

地址： 潘渡路352号

电话： 05915678

法人代表： 陈国

甲乙双方经过友好协商，本着互惠互利、优势互补的合作原则，甲方向乙方投资，投资情况如下：

投资方式	品名	计量单位	数量	市场参考单价	协议单价	投资金额	出资期限
现金投资						¥400000.00	

甲方缴清出资后，占乙方总资本的 %

一、双方的权利各义务

……

甲方： 福建利民有限责任公司
法定代表（授权代表）： 杨英
日期： 2020年12月06日

乙方： 福建福理有限责任公司
法定代表（授权代表）： 陈国
日期： 2020年12月06日

17-2

中国工商银行进账单(收账通知)　　3

2020 年 12 月 07 日

出票人	全　称	福建利民有限责任公司	收款人	全　称	福建福理有限责任公司
	账　号	485869696707073848		账　号	13115101040006155
	开户银行	工行贵豪路支行		开户银行	中国工商银行潘渡路支行
金额	人民币（大写）	肆拾万元整		千百十万千百十元角分	¥ 4 0 0 0 0 0 0 0
票据种类	转账支票	票据张数	1张		
票据号码	xxxxxxxxxxx				
	复核 xxxx	记账 xxxx		收款人开户银行盖章	

此联是收款人开户银行交给收款人的收账通知

18-1

费用报销审批单

部门：　销售部门　　　　2020 年 12 月 07 日

经手人	xxxxx	事由	宣传广告	
项目		金额	付款方式	备注
宣传广告		¥4520.00	转账支票	
		转账付讫		
合计		¥4520.00		
公司领导审批意见	财务主管	部门领导	出纳	经手人
同意 xxxx	xxxx	xxxx	xxx	xxx

18-2

增值税专用发票　　N0000002021207

开票日期：2020年12月07日

购买方	名　称：福建福理有限责任公司 纳税人识别号：523500007617879798 地址、电话：潘渡路352号 05915678 开户行及账号：中国工商银行潘渡路支行 13115101040006155				密码区	67/*+3*0/611*++0/+0*/*+3+2/9 *11*+66666**066611*+66666* 1**+216***6000*261*2*4/*547 203994+-42*64151*6915361/3*	
货物或应税劳务、服务名称	规格型号	单位	数量	单价	金额	税率	税额
广告宣传手册		册	400	10.00	4000.00	13%	520.00
合　计					¥ 4000.00		¥ 520.00
价税合计（大写）	肆仟伍佰贰拾元整				（小写） ¥ 4520.00		
销售方	名　称：福建福马广告有限责任公司 纳税人识别号：38484857575747474 地址、电话：贵居路567号 05914443 开户行及账号：工行贵居支行 37474858596969				备注		

收款人：xxx　　复核：xxxx　　开票人：xxxx　　销售方：（章）　xxxx

第三联：发票联　购买方记账凭证

国税函〔2014〕257号浙江印钞厂

18-3

中国工商银行
转账支票存根
NOOOOO2OI56

附加信息

出票日期 2020 年12 月07 日

收款人：	福建福马广告有限责任公司
金　额：	¥4520.00
用　途：	广告宣传

单位主管 XXX　　会计 XXX

19-1

借款单

2020 年 12 月 07 日

资金性质：

部门：	采购部门	借款人：	范均军
借款理由：	出差		
金额：	大写：人民币肆仟元整	小写：¥ 4000.00	
领导批示：	同意　XXXX	财务主管：	XXX
部门主管：XXX	出纳：XXX	领款人签收：	范均军

现金付讫

20-1（学生练习填写）

收　料　单

发票号码：XXXX　　2020 年 12 月 08 日　　编号：000000020201208

供应单位：湖北长希有限责任公司　　收料仓库：1号仓库

材料类别：

材料/编号	物料名称	规格型号	单位	数量		实际成本					
				应收	实收	买价		运杂费	其他	合计
						单价	金额			
合计										

第三联 记账

采购员：　　检验员：　　记账员：　　保管员：

21-1

差旅费报销单

报销日期	2020年12月09日		预算科目	管理费用		专项名称	差旅费		预算项目	管理费用		
部门	采购部门		出差人	范均军			出差事由		采购事宜			
出发		到达		交通费			住宿费			其他费用		
日期	地点	日期	地点	交通工具	单据张数	金额	天数	单据张数	金额	项目	单据	金额
2020.12.07	福州	2020.12.08	湖北	动车	2	2040.00	1	1	1000.00	行李费	1	160.00
										市内车费	3	800.00
						现金付讫				出租		
										手续费		
										出差补贴		600.00
										节约奖励		
合计						¥2040.00			¥1000.00			¥1560.00
报销总额	人民币（大写）		肆仟陆佰元整							预借款	¥4000.00	
	人民币（小写）		¥4600.00				补领不足	¥600.00		归还多余		

主管:xxx　　审核:xxx　　报销人:　xxx　　部门:　xxx

22-1

中国工商银行进账单（收账通知）　　3

2020 年 12 月 09 日

出票人	全　称	广东锦江有限责任公司	收款人	全　称	福建福理有限责任公司
	账　号	75387624		账　号	13115101040006155
	开户银行	工行大贵路支行		开户银行	中国工商银行潘渡路支行
金额	人民币（大写）	柒万零贰佰元整		千百十万千百十元角分	¥ 7 0 2 0 0 0 0
票据种类	电汇	票据张数	1张		
票据号码	xxxxx				
		复核 xxx　记账 xxx		收款人开户银行盖章	XXXX

此联是收款人开户银行交给收款人的收账通知

23-1

中国工商银行
现金支票存根

10203310
10613654

附加信息

出票日期 2020 年12 月10日

收款人 福建福理有限责任公司

金　额 ¥604000.00

用　途 发放工资

单位主管　　会计

24-1

工资分配表

分配单位： 福建福理有限责任公司

分配起止日期： 2020年11月1日至2020年11月30日

分配项目 / 部门		序号	生产成本分配		工资分配				
			生产工时	分配率	生产成本	制造费用	管理费用	销售费用	合计
车间生产工人	甲产品	1							240000
	乙产品	2							280000
	小计	3							
车间管理人员		4							20000
行政管理		5							64000
销售部		6							
合计		7							604000

25-1

费用报销审批单

部门： 行政管理部门　　2020 年 12 月 11 日

经手人	XXXX	事由	支付职工困难补助	
项目		金额	付款方式	备注
职工困难补助		¥3000.00	现金	
		现金付讫		
合计		¥3000.00		
公司领导审批意见	财务主管	部门领导	出纳	经手人
同意 XXX	XXXX	XXX	XX	XXX

26-1

费用报销审批单

部门： 行政管理部门　　2020 年 12 月 12 日

经手人	XXXXX	事由	购买办公用品	
项目		金额	付款方式	备注
办公用品		¥565.00	现金	
		现金付讫		
合计		¥565.00		
公司领导审批意见	财务主管	部门领导	出纳	经手人
同意 XX	XXX	XXX	XX	XX

26-2

增值税专用发票 NO0000020201208

全国统一发票监制章 福建 国家税务总局监制

开票日期：2020年12月12日

购买方	名　称：福建福理有限责任公司 纳税人识别号：523500007617879798 地址、电话：潘渡路352号 05915678 开户行及账号：中国工商银行潘渡路支行 13115101040006155				密码区	67/*+3*0/611*++0/+0*/*+3+2/9 *11*+66666**066611*+66666* 1**+216***6000*261*2*4/*547 203994+-42*64151*6915361/3*		
货物或应税劳务、服务名称	规格型号	单位	数量	单价	金额	税率	税额	
记事本		箱	1	500.00	500.00	13%	65.00	
合　计					¥ 500.00		¥ 65.00	
价税合计（大写）	伍佰陆拾伍元整				（小写） ¥ 565.00			
销售方	名　称：福建商新文化用品有限责任公司 纳税人识别号：348875858599495995950 5 地址、电话：贵香路556号 05918878 开户行及账号：工行贵香支行 384859595984950				备注	福建商新文化用品有限责任公司 12345678901234 发票专用章		

收款人：xxx　　复核：xxx　　开票人：xxxx　　销售方：（章）xxxx

国税函（2014）257号浙江印钞厂

第三联：发票联　购买方记账凭证

27-1

中国工商银行
现金支票存根
10203310
10613654

附加信息

出票日期 2020 年12 月12日
收款人 福建福理有限责任公司
金　额 ¥1000.00
用　途 备用
单位主管　　会计

28-1

中国工商银行
转账支票存根
NO0002020123

附加信息

出票日期 2020 年 12 月13 日
收款人：江西安胜有限责任公司
金　额：¥316000.00
用　途：货款
单位主管 xxx　　会计 xxx

29-1

电子缴税付款凭证

转账日期：2020年12月14日　　　　凭证字号：00002020121401

纳税人全称及纳税人识别号：福建福理有限责任公司 523500007617879798

付款人全称：福建福理有限责任公司

付款人账号：13115101040006155　　　　征收机关名称：福州市税务局

付款人开户银行：中国工商银行潘渡路支行　　　　收款国库（银行）名称：国家金库福州支库（代理）

小写（合计金额）：¥225600.00　　　　缴款书交易流水号：375868696

大写（合计金额）：人民币贰拾贰万伍仟陆佰元整　　　　税票号码：A384859569

税、费 税号：374858599

税款属期：20201101-20201130

税（费）种名称	实缴金额
增值税	96000.00
城市维护建设税	6720.00
教育费附加	2880.00
所得税	120000.00

银行业务受理章
中国工商银行潘渡路支行
2020.12.14

第1　次打印　　　　打印日期：2020年12月14日

第二联作付款回单（无银行收讫章无效）　　复核×××　　记账×××

30-1

中国工商银行
现金支票存根
10203310
10613654

附加信息

出票日期2020 年12 月15日

收款人福建福理有限责任公司

金　额¥4000.00

用　途备用

单位主管　　会计

31-1

中国工商银行进账单（收账通知）　3

2020 年12 月15 日

出票人	全　称	安心物业公司	收款人	全　称	福建福理有限责任公司
	账　号	13115101046666788		账　号	13115101040006155
	开户银行	中国工商银行潘渡路支行		开户银行	中国工商银行潘渡路支行
金额	人民币（大写）	壹万元整		千百十万千百十元角分	¥1000000
票据种类	转账支票	票据张数	1		
票据号码	6788456				
复核 ×××	记账 ×××			收款人开户银行盖章	

此联是收款人的开户银行交给收款人的收账通知

31-2

收款收据 No1215001

2020 年12 月15 日

今收到 安心物业公司

转账支票

系付： 违约罚款

金额（大写） 零 佰零 拾壹 万零 仟 零 佰 零 拾零 元零 角零 分

￥：10000.00 （单位盖章） 财务专用章

核准 ××× 会计 ××× 记账 ××× 出纳 ××× 经手人 ×××

存根（白） 记账（黄）

32-1

领 料 单

仓库： 1号仓库 2020 年 12 月16 日 领料单编号：2020012004

编号	类别	物料名称	规格	单位	数量		实际价格	
					请领	实发	单价	金额
001		A材料		千克	6000	6000	24	144000
002		B材料		千克	5000	5000	31	155000
合计								299000
用途	生产甲产品				领料部门		发料部门	
					负责人	领料人	核准人	发料人
					×××	×××	×××	×××

第三联 交财务

32-2

领 料 单

仓库： 1号仓库 2020 年 12 月16 日 领料单编号：2020012005

编号	类别	物料名称	规格	单位	数量		实际价格	
					请领	实发	单价	金额
001		A材料		千克	3000	3000	24	72000
002		B材料		千克	6000	6000	31	186000
合计								258000
用途	生产乙产品				领料部门		发料部门	
					负责人	领料人	核准人	发料人
					×××	×××	×××	×××

第三联 交财务

32-3

领　料　单

仓库：　1号仓库　　　　2020　年 12　月16　日　　　　领料单编号：2020012006

编号	类别	物料名称	规格	单位	数量		实际价格	
					请领	实发	单价	金额
001		A材料		千克	1000	1000	24	24000
002		B材料		千克	500	500	31	15500
003		C材料		千克	1000	1000	10	10000
合计								49500
用途	生产车间一般消耗				领料部门		发料部门	
					负责人	领料人	核准人	发料人
					×××	×××	×××	×××

第三联　交财务

33-1

费用报销审批单

部门：　销售部门　　　　2020　年 12　月 17　日

经手人	肖销	事由	支付福建飞越广告有限公司广告费	
项目		金额	付款方式	备注
广告费		21200.00	转账支票	
合计		¥21200.00		
公司领导审批意见	财务主管	部门领导	出纳	经手人
×××	×××	×××	×××	肖销

33-2

增值税专用发票　　N0000020201217

开票日期：2020年12月17日

购买方	名　称：福建福理有限责任公司 纳税人识别号：523500007617879798 地址、电话：潘渡路352号 05915678 开户行及账号：中国工商银行潘渡路支行 13115101040006155			密码区	67/*+3*0/611*++0/+0*/*+3+2/9 *11*+66666**066611*+66666* 1**+216***6000*261*2*4/*547 203994+-42*64151*6915361/3*		
货物或应税劳务、服务名称	规格型号	单位	数量	单价	金额	税率	税额
广告费			1	20000.00	20000.00	6%	1200
合　计					¥ 20000		¥ 1200
价税合计（大写）	贰万壹仟贰佰元整				（小写）　¥ 21200.00		
销售方	名　称：福州飞越广告有限公司 纳税人识别号：455500007617878888 地址、电话：晋安区飞越路188号 87889999 开户行及账号：中国工商银行王庄支行 41115101040556166			备注			

收款人：×××　　复核：×××　　开票人：×××　　销售方：（章）

国税函（2014）257号浙江印钞厂

第三联：发票联　购买方记账凭证

33-3

中国工商银行
转账支票存根

NO000125478

附加信息

出票日期 2020 年12 月17 日

收款人:	福建飞越广告有限公司
金　额:	¥21200.00
用　途:	付广告费

单位主管 ××× 　　会计 ×××

34-1

中国工商银行进账单（收账通知） 3

2020 年12 月17 日

出票人	全　称	广东锦江有限责任公司	收款人	全　称	福建福理有限责任公司
	账　号	75387624		账　号	13115101040006155
	开户银行	中国工商银行大贵路支行		开户银行	中国工商银行潘渡路支行

金额	人民币（大写）	千	百	十	万	千	百	十	元	角	分
	伍拾陆万陆仟肆佰元整		¥	5	6	6	4	0	0	0	0

票据种类	电汇	票据张数	1
票据号码	×××××××××		

复核 ××× 　　记账 ×××

收款人开户银行盖章

此联是收款人开户银行交给收款人的收账通知

35-1

借款单

2020 年 12 月 18 日

资金性质：

部门:	管理部门	借款人:	张花
借款理由:	出差		
金额:	大写：贰仟元整		小写：¥ 2000.00
领导批示:	同意	财务主管:	×××
部门主管: ×××	出纳: ×××	领款人签收:	张花

现金付讫

36-1

费用报销审批单

部门： 管理部门　　　　2020 年 12 月 19 日

经手人	张花	事由	付福州好又好租赁公司租赁费	
项目		金额	付款方式	备注
付办公设备租赁费		1130.00	转账支票	
		转账付讫		
合计		¥1130.00		
公司领导审批意见	财务主管	部门领导	出纳	经手人
×××	×××	×××	×××	张花

36-2

福建增值税专用发票　NO000020201219

开票日期：2020年12月19日

购买方	名　称：福建福理有限责任公司 纳税人识别号：523500007617879798 地址、电话：潘渡路352号 05915678 开户行及账号：中国工商银行潘渡路支行 13115101040006155				密码区	67/*+3*0/611*++0/+0*/*+3+2/9 *11*+66666**066611*+66666* 1**+216***6000*261*2*4/*547 203994+-42*64151*6915361/3*		
货物或应税劳务、服务名称	规格型号	单位	数量	单价	金额	税率	税额	
租赁费			1	1000.00	1000.00	13%	130	
合　计					¥ 1000		¥ 130	
价税合计（大写）	壹仟壹佰叁拾元整				（小写） ¥ 1130.00			
销售方	名　称：福州好又好租赁公司 纳税人识别号：435500007617876666 地址、电话：化工路118号 87886543 开户行及账号：中国工商银行化工路支行 23115101040065455				备注	福州好又好租赁公司 435500007617876666 发票专用章		

收款人：　　复核：　　开票人：　　销售方：章

国税函(2014) 257 号浙江印钞厂

第三联：发票联 购买方记账凭证

36-3

中国工商银行
转账支票存根

NO000125479

附加信息

出票日期 2020 年 12 月 19 日

收款人：	福州好又好租赁公司
金　额：	¥1130
用　途：	付租赁费

单位主管 ×××　　会计 ×××

37-1

中国工商银行
转账支票存根
NO000125480

附加信息

出票日期 2020 年12 月21 日

收款人:	灿荣公司
金　额:	¥134480.00
用　途:	付购料款

单位主管 ××× 会计 ×××

38-1

银行借款利息计算单

2020 年 12 月 22 日

借款种类	借款金额	年贷款利率	月利息额	备注
短期借款	2400000.00	6%	12000.00	
合计			¥12000.00	

编制××× 审核×××

39-1

差旅费报销单

报销日期	2020年12月22日			预算科目	管理费用		专项名称	×××		预算项目	×××	
部门	办公室			出差人	张花			出差事由	×××			
出发		到达		交通费			住宿费			其他费用		
日期	地点	日期	地点	交通工具	单据张数	金额	天数	单据张数	金额	项目	单据	金额
				火车	2	500.00	3	1	900.00	行李费		
										市内车费		
										出租	4	200.00
										手续费		
										出差补贴		
										节约奖励		
合计						¥500.00			¥900.00			¥200.00
报销总额	人民币（大写）		壹仟陆佰元整							预借款	2000.00	
	人民币（小写）		1600.00				补领不足			归还多余	400.00	

主管:××× 审核:××× 报销人: 张花 部门: 办公室

40-1

增值税专用发票　NO000020201222

开票日期：2020年12月22日

购买方	名　　称：福建福理有限责任公司 纳税人识别号：523500007617879798 地址、电话：潘渡路352号 05915678 开户行及账号：中国工商银行潘渡路支行 13115101040006155	密码区	67/*+3*0/611*++0/+0*/*+3+2/9 *11*+66666**066611*+66666* 1**+216***6000*261*2*4/*547 203994+-42*64151*6915361/3*

货物或应税劳务、服务名称	规格型号	单位	数量	单价	金额	税率	税额
A材料		千克	20000	24	480000.00	13%	62400
B材料		千克	10000	31	310000.00	13%	40300
合　计					￥ 790000		￥ 102700
价税合计（大写）	捌拾玖万贰仟柒佰元整				（小写）￥ 892700.00		

销售方	名　　称：江西安胜有限责任公司 纳税人识别号：354011226536688 地址、电话：庆丰街116号 55789113 开户行及账号：中国工商银行庆丰街支行 46857661	备注	

收款人：×××　　复核：×××　　开票人：×××　　销售方：（章）

国税函（2014）257号浙江印钞厂

第三联：发票联　购买方记账凭证

40-2

货物运输业增值税专用发票　NO000020201299

开票日期：2020年12月22日

承运人及纳税人识别号	福建嵘峰物流有限公司 155646597838787			密码区	>/59220556+4/75>+980/>/59220556+4/75 >/59220556+4/75>+980/>/59220556+4/75 >/59220556+4/75>+980/>/59220556+4/75 >/59220556+4/75>+980/>/59220556+4/75
实际受票方及纳税人识别号	福建福理有限责任公司 523500007617879798				
收货人及纳税人识别号	福建福理有限责任公司 523500007617879798	发货人及纳税人识别号	江西安胜有限责任公司 354011226536688		
起运地、经由、到达地	南昌至福州				
费用项目及金额	费用项目：运费　金额：9000.00	费用项目	金额	运输货物信息	
合计金额	￥9000.00	税率	9%	税额	￥810.00　机器编号 ××××
价税合计（大写）	人民币玖仟捌佰壹拾元整			（小写）￥	
车种车号	×××	车船吨位	×××	备注	
主管税务机关及代码	×××				

收款人：×××　　复核人：×××　　开票人：×××

国税函（2014）257号浙江印钞厂

第三联　发票联　受票方付款凭证

40-3

运费分配表

2020 年 12 月 22 日　　金额单位：元

品种	分配标准/千克	分配率	运费分配金额
A 材料	20000	0.3	6000
B 材料	10000		3000
合计	30000		9000

41-1

材料采购成本计算表

2020 年 12 月 25 日　　　　金额单位：元

品种	运费分配金额	买价	总成本	单位成本
A 材料	6000	480000	486000	24.30
B 材料	3000	310000	313000	31.30
合计	9000	790000	799000	

41-2

收料单

供应单位：江西安胜有限责任公司　　　　NO:00202012003

发票号码：000020201222　　2020 年 12 月 25 日　　仓库：1 号仓库

材料编号	名称	单位	应收数量	实收数量	单位成本	金额
001	A 材料	千克	20 000	20 000	24.30	486 000
002	B 材料	千克	10 000	10 000	31.30	313 000
备注					合计	799 000

收料：××× 　记账：××× 　保管部门主管：××× 　制单：×××

42-1

增值税专用发票

（印章：全国统一发票监制章 福建 国家税务总局监制）

NO000020201225

开票日期：2020年12月25日

国税函（2014）257 号浙江印钞厂

购买方	名　称：福建福理有限责任公司 纳税人识别号：523500007617879798 地址、电话：潘渡路352号 05915678 开户行及账号：中国工商银行潘渡路支行 13115101040006155	密码区：67/*+3*0/611*++0/+0*/*+3+2/9 *11*+66666**066611*+66666* 1**+216***6000*261*2*4/*547 203994+-42*64151*6915361/3*

货物或应税劳务、服务名称	规格型号	单位	数量	单价	金额	税率	税额
水费		吨	2000	3	6000.00	13%	780
合　计					¥ 6000		¥ 780
价税合计（大写）	陆仟柒佰捌拾元整				（小写）¥ 6780.00		

销售方	名　称：福州市自来水公司 纳税人识别号：155350000761781655 地址、电话：福州市连江路110号 87881243 开户行及账号：中国工商银行连江路支行 23335101040006155	备注：（印章：福州市自来水公司 155350000761781655 发票专用章）

收款人：××× 　复核：××× 　开票人：××× 　销售方：（章）

第三联：发票联 购买方记账凭证

42-2

托收凭证(付款通知)　　5

委托日期:2020 年 12 月 25 日

业务类型	委托收款(□邮划、□电划)			托收承付(□邮划、☑电划)		
付款人	全称	福建福理有限责任公司	收款人	全称	福州自来水公司	
	账号	13115101040006155		账号	23335101040006155	
	地址	福建 省 福州 市县 开户行 中国工商银行潘渡路支行		地址	福建 省 福州 市县 开户行 工行连江路支行	
金额	人民币(大写)	陆仟柒佰捌拾元整		千百十万千百十元角分	¥ 6 7 8 0 0 0	
款项内容	水费	托收凭据名称	水费专用发票	附寄单证张数	1张	
商品发运情况		合同名称号码				
备注:		款项收妥日期		收款人开户银行签章		
复核××× 记账×××		2020 年 12 月 25 日		2020 年 12 月 25 日		

此联付款人开户银行给付款人按期付款的通知

42-3

用水分配表

2020 年 12 月 25 日

用水部门	耗水吨数	元/吨	金额/元	备注
生产车间	1500	3.00	4500	
管理部门	500	3.00	1500	
合计	2000	3.00	6000	

财务主管：××× 　　审核：××× 　　制单：×××

43-1

增值税专用发票　　N0000020201226

福建 国家税务总局监制 发票联

开票日期:2020年12月26日

购买方	名称：福建福理有限责任公司 纳税人识别号：523500007617879798 地址、电话：潘渡路352号 05915678 开户行及账号：中国工商银行潘渡路支行 13115101040006155			密码区	67/*+3*0/611*++0/+0*/*+3+2/9 *11*+66666**066611*+66666* 1**+216***6000*261*2*4/*547 203994+-42*64151*6915361/3*		
货物或应税劳务、服务名称	规格型号	单位	数量	单价	金额	税率	税额
电费		度	20000	0.80	16000.00	13%	2080
合计					¥ 16000		¥ 2080
价税合计(大写)	壹万捌仟零捌拾元整				(小写) ¥ 18080.00		
销售方	名称：福州市电力公司 纳税人识别号：166600007617887877 地址、电话：福州市建设路90号 87665565 开户行及账号：中国工商银行建设路支行23335101040065432			备注	福州市电力公司 166600007617887877 发票专用章		

收款人：××× 　　复核：××× 　　开票人：×××

国税函(2014) 257 号浙江印钞厂

第三联：发票联 购买方记账凭证

43-2

托收凭证(付款通知)　　5

委托日期:2020 年12 月26 日

业务类型	委托收款(□邮划、□电划)			托收承付(□邮划、☑电划)		
付款人	全称	福建福理有限责任公司	收款人	全称	福州市电力公司	
	账号	13115101040006155		账号	233351010400065432	
	地址	福建 省 福州 市/县　开户行 中国工商银行潘渡路支行		地址	福建 省 福州 市/县　开户行 工行建设路支行	
金额	人民币(大写)	壹万捌仟零捌拾元整		千百十万千百十元角分	¥ 1 8 0 8 0 0 0	
款项内容	电费	托收凭据名称	电费专用发票	附寄单证张数	1张	
商品发运情况		合同名称号码				
备注: 复核××× 记账×××		款项收妥日期 2020 年12 月26 日		收款人开户银行签章 2020 年12 月26 日		

此联付款人开户银行给付款人按期付款的通知

43-3

用电分配表

2020 年 12 月 26 日

用电部门	耗电度数	元/度	金额/元	备注
生产车间	15000	0.80	12000	
管理部门	5000	0.80	4000	
合计	20000	0.80	16000	

财务主管：××× 审核：××× 制单：×××

44-1

增值税专用发票　　N0000020201228

福建

开票日期:2020年12月28日

购买方	名　称: 福建华夏有限责任公司 纳税人识别号: 751246597836854 地址、电话: 华夏路735号 55765542 开户行及账号: 中国工商银行华夏路支行 85626675	密码区	67/*+3*0/611*++0/+0*/*+3+2/9 *11*+66666**066611*+66666* 1**+216***6000*261*2*4/*547 203994+-42*64151*6915361/3*

货物或应税劳务、服务名称	规格型号	单位	数量	单价	金额	税率	税额
甲产品		件	1500	220.00	330000.00	13%	42900
乙产品		件	1000	400.00	400000.00	13%	52000
合　计					¥ 730000		¥ 94900
价税合计(大写)	捌拾贰万肆仟玖佰元整				(小写) ¥ 824900.00		

销售方	名　称: 福建福理有限责任公司 纳税人识别号: 523500007617879798 地址、电话: 潘渡路352号 05915678 开户行及账号: 中国工商银行潘渡路支行 13115101040006155	备注	

收款人：××× 复核：××× 开票人：××× 销售方：(章)

第一联：记账联 销售方记账凭证

国税函(2014)257号浙江印钞厂

44-2

出库单　No 0000022

会计部门编号 0000022
仓库部门编号 00000124　　　　2020 年12 月28 日

编号	名称	规格	单位	出库数量	单价	金额	备注
001	甲产品		件	1 500	220.00	330 000.00	
002	乙产品		件	1 000	400.00	400 000.00	
合　计						730 000.00	

第二联交财务部

生产车间或部门：×××　　　　仓库管理员：×××

45-1

费用报销审批单

部门：管理部门　　　　2020 年 12 月 28 日

经手人	张花	事由	业务招待费	
项目		金额	付款方式	备注
业务招待费		800.00	现金	
		现金付讫		
合计		¥800.00		
公司领导审批意见	财务主管	部门领导	出纳	经手人
×××	×××	×××	×××	×××

45-2

增值税普通发票　N000020201228

开票日期：2020年12月28日

购买方	名　　称：福建福理有限责任公司 纳税人识别号：523500007617879798 地址、电话：潘渡路352号 05915678 开户行及账号：中国工商银行潘渡路支行 13115101040006155	密码区	67/*+3*0/611*++0/+0*/*+3+2/9 *11*+66666**066611*+66666* 1**+216***6000*261*2*4/*547 203994+-42*64151*6915361/3*

货物或应税劳务、服务名称	规格型号	单位	数量	单价	金额	税率	税额
餐饮费			1	754.72	754.72	6%	45.28
合　　计					¥ 754.72		¥ 45.28
价税合计（大写）	捌佰元整				（小写） ¥ 800.00		

销售方	名　　称：福建悦城记餐饮有限公司 纳税人识别号：134250007617856643 地址、电话：福州市华林路665号 87676767 开户行及账号：中国工商银行华林路支行 43225101040004323	备注	

收款人：×××　　复核：×××　　开票人：×××　　销售方：（章）

第二联：发票联　购买方记账凭证

国税函（2014）257号浙江印钞厂

46-1

中国工商银行贷款还款凭证															
2020 年 12 月 30 日															
借款单位名称	福建福理有限责任公司	贷款账号	2020063001	结算账号	××××××										
还款金额(人民币大写)	伍拾万元整			千	百	十	万	千	百	十	元	角	分		
					¥	5	0	0	0	0	0	0	0		
贷款种类	流动资金借款	借出日期	归还日期												
		2020 年 6 月 30 日	2020 年 12 月 30 日												
上述款项从本单位往来账户如数支付		银行盖章													

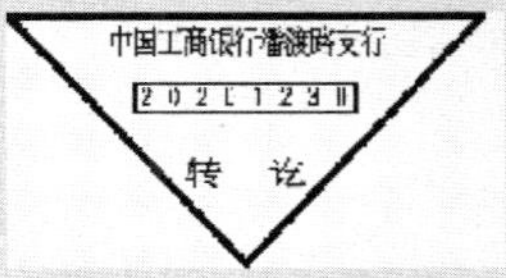

47-1

工资费用分配表

2020 年 12 月 31 日　　单位：元

应借科目	基本工资	津、补贴	合计
生产成本——甲产品	90 000	30 000	120 000
生产成本——乙产品	100 000	30 000	130 000
制造费用	6 000	4 000	10 000
管理费用	20 000	12 000	32 000
合计	216 000	86 000	292 000

48-1

职工福利费提取计算表

2020 年 12 月 31 日

应借科目	应付工资总额/元	计提比例	合计/元
生产成本——甲产品	120 000	14%	16 800
生产成本——乙产品	130 000	14%	18 200
制造费用	10 000	14%	1 400
管理费用	32 000	14%	4 480
合计	292 000	14%	40 880

49-1

2020 年 12 月 31 日

使用部门	固定资产类型	月初应计提折旧固定资产原值	月折旧率	月折旧额/元
生产车间	房屋及建筑物	2 180 000	0.5%	10 900
	机器设备	1 800 000	0.3%	5 400
管理部门	房屋及建筑物	1 600 000	0.5%	8 000
	办公设备	250 000	0.5%	1 250
合计		5 830 000	-	25 550

50-1

制造费用分配表

2020 年 12 月 31 日　　单位：元

受益对象	分配标准(生产工人工资)	分配率	分配金额
甲产品			
乙产品			
合计			

51-1

产品成本计算单

产品名称：甲产品　　2020 年 12 月 31 日　　单位：元

成本项目	本月生产费用	总成本	单位成本
直接材料			
工资及福利费			
制造费用			
合计			

51-2

产品成本计算单

产品名称：乙产品　　2020 年 12 月 31 日　　单位：元

成本项目	本月生产费用	总成本	单位成本
直接材料			
工资及福利费			
制造费用			
合计			

51-3

产品入库单

2020 年 12 月 31 日　　金额单位：元

产品编号	产品名称	计量单位	实收数量	单位成本	总成本
合计					

52-1

销售成本计算表

2020 年 12 月 31 日　　金额单位：元

产品编号	产品名称	计量单位	销售数量	单位成本	销售总成本
合计					

53-1

应交增值税计算表

2020 年 12 月 31 日　　单位：元

当期销项税额	当期进项税额	当期进项税额转出	已交税金	应交增值税

53-2

应交城市维护建设税和教育费附加计算表

2020 年 12 月 31 日　　单位：元

税种	计税依据			税率	应纳税金额
	增值税	消费税	合计		
城市维护建设税				7%	
教育费附加				3%	
合计					

54-1

本月收入类账户发生额汇总表

2020 年 12 月 31 日　　单位：元

序号	账户名称	贷方发生额
1	主营业务收入——甲产品	
2	主营业务收入——乙产品	
3	其他业务收入	
4	营业外收入	
	合计	

55-1

本月费用类账户发生额汇总表

2020 年 12 月 31 日　　单位：元

序号	账户名称	借方发生额
1	主营业务成本——甲产品	
2	主营业务成本——乙产品	
3	其他业务成本	
4	税金及附加	
5	销售费用	
6	管理费用	
7	财务费用	
8	营业外支出	
	合计	

56-1

所得税全年汇算清缴表

2020 年 12 月 31 日　　单位：元

项目	行次	金额
12 月份营业收入	1	
减：12 月份营业成本	2	
12 月份税金及附加	3	
12 月份销售费用	4	
12 月份管理费用	5	
12 月份财务费用	6	
加：12 月份营业外收入	7	
减：12 月份营业外支出	8	
12 月份利润总额	9	
加：1 ~ 11 月份利润总额	10	
全年利润总额	11	
全年应交所得税	12	
减：1 ~ 11 月份预交所得税	13	
12 月份应补交所得税	14	

58-1

利润分配计算表

2020 年 12 月 31 日　　　　单位：元

项目	利润分配基数	分配比例	分配金额
提取法定盈余公积		10%	
应付投资者利润		30%	
合计			

第五章

会计学基础仿真实训手册

一、通用记账凭证

记　账　凭　证

年　　月　　日　　　　　　　　　字第　　号

摘要	总账科目	明细科目	借方金额											贷方金额											记账
			亿	千	百	十	万	千	百	十	元	角	分	亿	千	百	十	万	千	百	十	元	角	分	
附单据　张	合计																								

会计主管：　　　　记账：　　　　审核：　　　　制证：

记　账　凭　证

年　　月　　日　　　　　　　　　字第　　号

摘要	总账科目	明细科目	借方金额											贷方金额											记账
			亿	千	百	十	万	千	百	十	元	角	分	亿	千	百	十	万	千	百	十	元	角	分	
附单据　张	合计																								

会计主管：　　　　记账：　　　　审核：　　　　制证：

记 账 凭 证

年 月 日 字第 号

摘要	总账科目	明细科目	借方金额											贷方金额											记账
			亿	千	百	十	万	千	百	十	元	角	分	亿	千	百	十	万	千	百	十	元	角	分	
附单据 张	合计																								

会计主管： 记账： 审核： 制证：

记 账 凭 证

年 月 日 字第 号

摘要	总账科目	明细科目	借方金额											贷方金额											记账
			亿	千	百	十	万	千	百	十	元	角	分	亿	千	百	十	万	千	百	十	元	角	分	
附单据 张	合计																								

会计主管： 记账： 审核： 制证：

记 账 凭 证

年 月 日 字第 号

摘要	总账科目	明细科目	借方金额											贷方金额											记账
			亿	千	百	十	万	千	百	十	元	角	分	亿	千	百	十	万	千	百	十	元	角	分	
附单据 张	合计																								

会计主管： 记账： 审核： 制证：

记　账　凭　证

年　　月　　日　　　　　　　　字第　　号

摘　要	总账科目	明细科目	借方金额											贷方金额											记账
			亿	千	百	十	万	千	百	十	元	角	分	亿	千	百	十	万	千	百	十	元	角	分	
附单据　张	合　计																								

会计主管：　　记账：　　审核：　　制证：

记　账　凭　证

年　　月　　日　　　　　　　　字第　　号

摘　要	总账科目	明细科目	借方金额											贷方金额											记账
			亿	千	百	十	万	千	百	十	元	角	分	亿	千	百	十	万	千	百	十	元	角	分	
附单据　张	合　计																								

会计主管：　　记账：　　审核：　　制证：

记　账　凭　证

年　　月　　日　　　　　　　　字第　　号

摘　要	总账科目	明细科目	借方金额											贷方金额											记账
			亿	千	百	十	万	千	百	十	元	角	分	亿	千	百	十	万	千	百	十	元	角	分	
附单据　张	合　计																								

会计主管：　　记账：　　审核：　　制证：

记　账　凭　证

年　　月　　日　　　　字第　　号

摘要	总账科目	明细科目	借方金额											贷方金额											记账
			亿	千	百	十	万	千	百	十	元	角	分	亿	千	百	十	万	千	百	十	元	角	分	
附单据　张	合计																								

会计主管：　　记账：　　审核：　　制证：

记　账　凭　证

年　　月　　日　　　　字第　　号

摘要	总账科目	明细科目	借方金额											贷方金额											记账
			亿	千	百	十	万	千	百	十	元	角	分	亿	千	百	十	万	千	百	十	元	角	分	
附单据　张	合计																								

会计主管：　　记账：　　审核：　　制证：

记　账　凭　证

年　　月　　日　　　　字第　　号

摘要	总账科目	明细科目	借方金额											贷方金额											记账
			亿	千	百	十	万	千	百	十	元	角	分	亿	千	百	十	万	千	百	十	元	角	分	
附单据　张	合计																								

会计主管：　　记账：　　审核：　　制证：

记账凭证

年　　月　　日　　　　　　　　字第　　号

摘要	总账科目	明细科目	借方金额											贷方金额											记账
			亿	千	百	十	万	千	百	十	元	角	分	亿	千	百	十	万	千	百	十	元	角	分	
附单据　张	合计																								

会计主管：　　　　记账：　　　　审核：　　　　制证：

记账凭证

年　　月　　日　　　　　　　　字第　　号

摘要	总账科目	明细科目	借方金额											贷方金额											记账
			亿	千	百	十	万	千	百	十	元	角	分	亿	千	百	十	万	千	百	十	元	角	分	
附单据　张	合计																								

会计主管：　　　　记账：　　　　审核：　　　　制证：

记账凭证

年　　月　　日　　　　　　　　字第　　号

摘要	总账科目	明细科目	借方金额											贷方金额											记账
			亿	千	百	十	万	千	百	十	元	角	分	亿	千	百	十	万	千	百	十	元	角	分	
附单据　张	合计																								

会计主管：　　　　记账：　　　　审核：　　　　制证：

记 账 凭 证

年 月 日 字第 号

摘 要	总账科目	明细科目	借方金额											贷方金额											记账
			亿	千	百	十	万	千	百	十	元	角	分	亿	千	百	十	万	千	百	十	元	角	分	
附单据 张	合 计																								

会计主管： 记账： 审核： 制证：

记 账 凭 证

年 月 日 字第 号

摘 要	总账科目	明细科目	借方金额											贷方金额											记账
			亿	千	百	十	万	千	百	十	元	角	分	亿	千	百	十	万	千	百	十	元	角	分	
附单据 张	合 计																								

会计主管： 记账： 审核： 制证：

记 账 凭 证

年 月 日 字第 号

摘 要	总账科目	明细科目	借方金额											贷方金额											记账
			亿	千	百	十	万	千	百	十	元	角	分	亿	千	百	十	万	千	百	十	元	角	分	
附单据 张	合 计																								

会计主管： 记账： 审核： 制证：

记　　账　　凭　　证

年　　月　　日　　　　　　　　字第　　号

摘要	总账科目	明细科目	借方金额											贷方金额											记账
			亿	千	百	十	万	千	百	十	元	角	分	亿	千	百	十	万	千	百	十	元	角	分	
附单据　张	合计																								

会计主管：　　　　记账：　　　　审核：　　　　制证：

记　　账　　凭　　证

年　　月　　日　　　　　　　　字第　　号

摘要	总账科目	明细科目	借方金额											贷方金额											记账
			亿	千	百	十	万	千	百	十	元	角	分	亿	千	百	十	万	千	百	十	元	角	分	
附单据　张	合计																								

会计主管：　　　　记账：　　　　审核：　　　　制证：

记　　账　　凭　　证

年　　月　　日　　　　　　　　字第　　号

摘要	总账科目	明细科目	借方金额											贷方金额											记账
			亿	千	百	十	万	千	百	十	元	角	分	亿	千	百	十	万	千	百	十	元	角	分	
附单据　张	合计																								

会计主管：　　　　记账：　　　　审核：　　　　制证：

记 账 凭 证

年 月 日 字第 号

摘要	总账科目	明细科目	借方金额											贷方金额											记账
			亿	千	百	十	万	千	百	十	元	角	分	亿	千	百	十	万	千	百	十	元	角	分	
附单据 张	合计																								

会计主管： 记账： 审核： 制证：

记 账 凭 证

年 月 日 字第 号

摘要	总账科目	明细科目	借方金额											贷方金额											记账
			亿	千	百	十	万	千	百	十	元	角	分	亿	千	百	十	万	千	百	十	元	角	分	
附单据 张	合计																								

会计主管： 记账： 审核： 制证：

记 账 凭 证

年 月 日 字第 号

摘要	总账科目	明细科目	借方金额											贷方金额											记账
			亿	千	百	十	万	千	百	十	元	角	分	亿	千	百	十	万	千	百	十	元	角	分	
附单据 张	合计																								

会计主管： 记账： 审核： 制证：

记　账　凭　证

年　　月　　日　　　　　　　　　　　字第　　　号

摘要	总账科目	明细科目	借方金额											贷方金额											记账
			亿	千	百	十	万	千	百	十	元	角	分	亿	千	百	十	万	千	百	十	元	角	分	
附单据　张	合计																								

会计主管：　　　　记账：　　　　审核：　　　　制证：

记　账　凭　证

年　　月　　日　　　　　　　　　　　字第　　　号

摘要	总账科目	明细科目	借方金额											贷方金额											记账
			亿	千	百	十	万	千	百	十	元	角	分	亿	千	百	十	万	千	百	十	元	角	分	
附单据　张	合计																								

会计主管：　　　　记账：　　　　审核：　　　　制证：

记　账　凭　证

年　　月　　日　　　　　　　　　　　字第　　　号

摘要	总账科目	明细科目	借方金额											贷方金额											记账
			亿	千	百	十	万	千	百	十	元	角	分	亿	千	百	十	万	千	百	十	元	角	分	
附单据　张	合计																								

会计主管：　　　　记账：　　　　审核：　　　　制证：

记　账　凭　证

年　　月　　日　　　　　　　　字第　　号

摘　要	总账科目	明细科目	借方金额											贷方金额											记账
			亿	千	百	十	万	千	百	十	元	角	分	亿	千	百	十	万	千	百	十	元	角	分	
附单据　张	合　计																								

会计主管：　　　记账：　　　审核：　　　制证：

记　账　凭　证

年　　月　　日　　　　　　　　字第　　号

摘　要	总账科目	明细科目	借方金额											贷方金额											记账
			亿	千	百	十	万	千	百	十	元	角	分	亿	千	百	十	万	千	百	十	元	角	分	
附单据　张	合　计																								

会计主管：　　　记账：　　　审核：　　　制证：

记　账　凭　证

年　　月　　日　　　　　　　　字第　　号

摘　要	总账科目	明细科目	借方金额											贷方金额											记账
			亿	千	百	十	万	千	百	十	元	角	分	亿	千	百	十	万	千	百	十	元	角	分	
附单据　张	合　计																								

会计主管：　　　记账：　　　审核：　　　制证：

记　账　凭　证

年　　月　　日　　　　　　　　字第　　号

摘要	总账科目	明细科目	借方金额											贷方金额											记账
			亿	千	百	十	万	千	百	十	元	角	分	亿	千	百	十	万	千	百	十	元	角	分	
附单据　张	合计																								

会计主管：　　　　记账：　　　　审核：　　　　制证：

记　账　凭　证

年　　月　　日　　　　　　　　字第　　号

摘要	总账科目	明细科目	借方金额											贷方金额											记账
			亿	千	百	十	万	千	百	十	元	角	分	亿	千	百	十	万	千	百	十	元	角	分	
附单据　张	合计																								

会计主管：　　　　记账：　　　　审核：　　　　制证：

记　账　凭　证

年　　月　　日　　　　　　　　字第　　号

摘要	总账科目	明细科目	借方金额											贷方金额											记账
			亿	千	百	十	万	千	百	十	元	角	分	亿	千	百	十	万	千	百	十	元	角	分	
附单据　张	合计																								

会计主管：　　　　记账：　　　　审核：　　　　制证：

记账凭证

年　月　日　　　　字第　号

摘要	总账科目	明细科目	借方金额											贷方金额											记账
			亿	千	百	十	万	千	百	十	元	角	分	亿	千	百	十	万	千	百	十	元	角	分	
附单据　张	合计																								

会计主管：　　记账：　　审核：　　制证：

记账凭证

年　月　日　　　　字第　号

摘要	总账科目	明细科目	借方金额											贷方金额											记账
			亿	千	百	十	万	千	百	十	元	角	分	亿	千	百	十	万	千	百	十	元	角	分	
附单据　张	合计																								

会计主管：　　记账：　　审核：　　制证：

记账凭证

年　月　日　　　　字第　号

摘要	总账科目	明细科目	借方金额											贷方金额											记账
			亿	千	百	十	万	千	百	十	元	角	分	亿	千	百	十	万	千	百	十	元	角	分	
附单据　张	合计																								

会计主管：　　记账：　　审核：　　制证：

记　账　凭　证

年　　月　　日　　　　字第　　号

摘要	总账科目	明细科目	借方金额											贷方金额											记账
			亿	千	百	十	万	千	百	十	元	角	分	亿	千	百	十	万	千	百	十	元	角	分	
附单据　张	合计																								

会计主管：　　记账：　　审核：　　制证：

记　账　凭　证

年　　月　　日　　　　字第　　号

摘要	总账科目	明细科目	借方金额											贷方金额											记账
			亿	千	百	十	万	千	百	十	元	角	分	亿	千	百	十	万	千	百	十	元	角	分	
附单据　张	合计																								

会计主管：　　记账：　　审核：　　制证：

记　账　凭　证

年　　月　　日　　　　字第　　号

摘要	总账科目	明细科目	借方金额											贷方金额											记账
			亿	千	百	十	万	千	百	十	元	角	分	亿	千	百	十	万	千	百	十	元	角	分	
附单据　张	合计																								

会计主管：　　记账：　　审核：　　制证：

记　账　凭　证

年　　月　　日　　　　　　　　字第　　号

摘　要	总账科目	明细科目	借方金额											贷方金额											记账
			亿	千	百	十	万	千	百	十	元	角	分	亿	千	百	十	万	千	百	十	元	角	分	
附单据　张	合　计																								

会计主管：　　　　记账：　　　　审核：　　　　制证：

记　账　凭　证

年　　月　　日　　　　　　　　字第　　号

摘　要	总账科目	明细科目	借方金额											贷方金额											记账
			亿	千	百	十	万	千	百	十	元	角	分	亿	千	百	十	万	千	百	十	元	角	分	
附单据　张	合　计																								

会计主管：　　　　记账：　　　　审核：　　　　制证：

记　账　凭　证

年　　月　　日　　　　　　　　字第　　号

摘　要	总账科目	明细科目	借方金额											贷方金额											记账
			亿	千	百	十	万	千	百	十	元	角	分	亿	千	百	十	万	千	百	十	元	角	分	
附单据　张	合　计																								

会计主管：　　　　记账：　　　　审核：　　　　制证：

记　账　凭　证

年　　月　　日　　　　　　　　字第　　号

摘　要	总账科目	明细科目	借方金额											贷方金额											记账
			亿	千	百	十	万	千	百	十	元	角	分	亿	千	百	十	万	千	百	十	元	角	分	
附单据　张	合　计																								

会计主管：　　记账：　　审核：　　制证：

记　账　凭　证

年　　月　　日　　　　　　　　字第　　号

摘　要	总账科目	明细科目	借方金额											贷方金额											记账
			亿	千	百	十	万	千	百	十	元	角	分	亿	千	百	十	万	千	百	十	元	角	分	
附单据　张	合　计																								

会计主管：　　记账：　　审核：　　制证：

记　账　凭　证

年　　月　　日　　　　　　　　字第　　号

摘　要	总账科目	明细科目	借方金额											贷方金额											记账
			亿	千	百	十	万	千	百	十	元	角	分	亿	千	百	十	万	千	百	十	元	角	分	
附单据　张	合　计																								

会计主管：　　记账：　　审核：　　制证：

记　账　凭　证

年　　月　　日　　　　　　字第　　号

摘 要	总账科目	明细科目	借方金额											贷方金额											记账
			亿	千	百	十	万	千	百	十	元	角	分	亿	千	百	十	万	千	百	十	元	角	分	
附单据　张	合 计																								

会计主管：　　记账：　　审核：　　制证：

记　账　凭　证

年　　月　　日　　　　　　字第　　号

摘 要	总账科目	明细科目	借方金额											贷方金额											记账
			亿	千	百	十	万	千	百	十	元	角	分	亿	千	百	十	万	千	百	十	元	角	分	
附单据　张	合 计																								

会计主管：　　记账：　　审核：　　制证：

记　账　凭　证

年　　月　　日　　　　　　字第　　号

摘 要	总账科目	明细科目	借方金额											贷方金额											记账
			亿	千	百	十	万	千	百	十	元	角	分	亿	千	百	十	万	千	百	十	元	角	分	
附单据　张	合 计																								

会计主管：　　记账：　　审核：　　制证：

记 账 凭 证

年　　月　　日　　　　　　　　字第　　号

摘要	总账科目	明细科目	借方金额											贷方金额											记账
			亿	千	百	十	万	千	百	十	元	角	分	亿	千	百	十	万	千	百	十	元	角	分	
附单据　张	合计																								

会计主管：　　　　记账：　　　　审核：　　　　制证：

记 账 凭 证

年　　月　　日　　　　　　　　字第　　号

摘要	总账科目	明细科目	借方金额											贷方金额											记账
			亿	千	百	十	万	千	百	十	元	角	分	亿	千	百	十	万	千	百	十	元	角	分	
附单据　张	合计																								

会计主管：　　　　记账：　　　　审核：　　　　制证：

记 账 凭 证

年　　月　　日　　　　　　　　字第　　号

摘要	总账科目	明细科目	借方金额											贷方金额											记账
			亿	千	百	十	万	千	百	十	元	角	分	亿	千	百	十	万	千	百	十	元	角	分	
附单据　张	合计																								

会计主管：　　　　记账：　　　　审核：　　　　制证：

记　账　凭　证

年　　月　　日　　　　　　字第　　号

摘要	总账科目	明细科目	借方金额											贷方金额											记账
			亿	千	百	十	万	千	百	十	元	角	分	亿	千	百	十	万	千	百	十	元	角	分	
附单据　张	合　计																								

会计主管：　　　记账：　　　审核：　　　制证：

记　账　凭　证

年　　月　　日　　　　　　字第　　号

摘要	总账科目	明细科目	借方金额											贷方金额											记账
			亿	千	百	十	万	千	百	十	元	角	分	亿	千	百	十	万	千	百	十	元	角	分	
附单据　张	合　计																								

会计主管：　　　记账：　　　审核：　　　制证：

记　账　凭　证

年　　月　　日　　　　　　字第　　号

摘要	总账科目	明细科目	借方金额											贷方金额											记账
			亿	千	百	十	万	千	百	十	元	角	分	亿	千	百	十	万	千	百	十	元	角	分	
附单据　张	合　计																								

会计主管：　　　记账：　　　审核：　　　制证：

记　账　凭　证

年　　月　　日　　　　　　　　字第　　号

摘要	总账科目	明细科目	借方金额											贷方金额											记账
			亿	千	百	十	万	千	百	十	元	角	分	亿	千	百	十	万	千	百	十	元	角	分	
附单据　张	合计																								

会计主管：　　记账：　　审核：　　制证：

记　账　凭　证

年　　月　　日　　　　　　　　字第　　号

摘要	总账科目	明细科目	借方金额											贷方金额											记账
			亿	千	百	十	万	千	百	十	元	角	分	亿	千	百	十	万	千	百	十	元	角	分	
附单据　张	合计																								

会计主管：　　记账：　　审核：　　制证：

记　账　凭　证

年　　月　　日　　　　　　　　字第　　号

摘要	总账科目	明细科目	借方金额											贷方金额											记账
			亿	千	百	十	万	千	百	十	元	角	分	亿	千	百	十	万	千	百	十	元	角	分	
附单据　张	合计																								

会计主管：　　记账：　　审核：　　制证：

记　账　凭　证

年　　月　　日　　　　　　　　字第　　号

摘要	总账科目	明细科目	借方金额											贷方金额											记账
			亿	千	百	十	万	千	百	十	元	角	分	亿	千	百	十	万	千	百	十	元	角	分	
附单据　张	合计																								

会计主管：　　　　记账：　　　　审核：　　　　制证：

记　账　凭　证

年　　月　　日　　　　　　　　字第　　号

摘要	总账科目	明细科目	借方金额											贷方金额											记账
			亿	千	百	十	万	千	百	十	元	角	分	亿	千	百	十	万	千	百	十	元	角	分	
附单据　张	合计																								

会计主管：　　　　记账：　　　　审核：　　　　制证：

记　账　凭　证

年　　月　　日　　　　　　　　字第　　号

摘要	总账科目	明细科目	借方金额											贷方金额											记账
			亿	千	百	十	万	千	百	十	元	角	分	亿	千	百	十	万	千	百	十	元	角	分	
附单据　张	合计																								

会计主管：　　　　记账：　　　　审核：　　　　制证：

记　账　凭　证

年　　月　　日　　　　　　　　字第　　号

摘　要	总账科目	明细科目	借方金额											贷方金额											记账
			亿	千	百	十	万	千	百	十	元	角	分	亿	千	百	十	万	千	百	十	元	角	分	
附单据　张	合　计																								

会计主管：　　　记账：　　　审核：　　　制证：

记　账　凭　证

年　　月　　日　　　　　　　　字第　　号

摘　要	总账科目	明细科目	借方金额											贷方金额											记账
			亿	千	百	十	万	千	百	十	元	角	分	亿	千	百	十	万	千	百	十	元	角	分	
附单据　张	合　计																								

会计主管：　　　记账：　　　审核：　　　制证：

记　账　凭　证

年　　月　　日　　　　　　　　字第　　号

摘　要	总账科目	明细科目	借方金额											贷方金额											记账
			亿	千	百	十	万	千	百	十	元	角	分	亿	千	百	十	万	千	百	十	元	角	分	
附单据　张	合　计																								

会计主管：　　　记账：　　　审核：　　　制证：

记 账 凭 证

年 月 日 字第 号

摘 要	总账科目	明细科目	借方金额											贷方金额											记账
			亿	千	百	十	万	千	百	十	元	角	分	亿	千	百	十	万	千	百	十	元	角	分	
附单据 张	合 计																								

会计主管： 记账： 审核： 制证：

记 账 凭 证

年 月 日 字第 号

摘 要	总账科目	明细科目	借方金额											贷方金额											记账
			亿	千	百	十	万	千	百	十	元	角	分	亿	千	百	十	万	千	百	十	元	角	分	
附单据 张	合 计																								

会计主管： 记账： 审核： 制证：

记 账 凭 证

年 月 日 字第 号

摘 要	总账科目	明细科目	借方金额											贷方金额											记账
			亿	千	百	十	万	千	百	十	元	角	分	亿	千	百	十	万	千	百	十	元	角	分	
附单据 张	合 计																								

会计主管： 记账： 审核： 制证：

记 账 凭 证

年 月 日 字第 号

摘要	总账科目	明细科目	借方金额											贷方金额											记账
			亿	千	百	十	万	千	百	十	元	角	分	亿	千	百	十	万	千	百	十	元	角	分	
附单据 张	合计																								

会计主管： 记账： 审核： 制证：

记 账 凭 证

年 月 日 字第 号

摘要	总账科目	明细科目	借方金额											贷方金额											记账
			亿	千	百	十	万	千	百	十	元	角	分	亿	千	百	十	万	千	百	十	元	角	分	
附单据 张	合计																								

会计主管： 记账： 审核： 制证：

记 账 凭 证

年 月 日 字第 号

摘要	总账科目	明细科目	借方金额											贷方金额											记账
			亿	千	百	十	万	千	百	十	元	角	分	亿	千	百	十	万	千	百	十	元	角	分	
附单据 张	合计																								

会计主管： 记账： 审核： 制证：

记　账　凭　证

年　　月　　日　　　　　　　　　　字第　　号

摘　要	总账科目	明细科目	借方金额											贷方金额											记账
			亿	千	百	十	万	千	百	十	元	角	分	亿	千	百	十	万	千	百	十	元	角	分	
附单据　张	合　计																								

会计主管：　　　　记账：　　　　审核：　　　　制证：

记　账　凭　证

年　　月　　日　　　　　　　　　　字第　　号

摘　要	总账科目	明细科目	借方金额											贷方金额											记账
			亿	千	百	十	万	千	百	十	元	角	分	亿	千	百	十	万	千	百	十	元	角	分	
附单据　张	合　计																								

会计主管：　　　　记账：　　　　审核：　　　　制证：

记　账　凭　证

年　　月　　日　　　　　　　　　　字第　　号

摘　要	总账科目	明细科目	借方金额											贷方金额											记账
			亿	千	百	十	万	千	百	十	元	角	分	亿	千	百	十	万	千	百	十	元	角	分	
附单据　张	合　计																								

会计主管：　　　　记账：　　　　审核：　　　　制证：

记　账　凭　证

年　　月　　日　　　　　　字第　　号

摘要	总账科目	明细科目	借方金额											贷方金额											记账
			亿	千	百	十	万	千	百	十	元	角	分	亿	千	百	十	万	千	百	十	元	角	分	
附单据　张	合　计																								

会计主管：　　　　记账：　　　　审核：　　　　制证：

记　账　凭　证

年　　月　　日　　　　　　字第　　号

摘要	总账科目	明细科目	借方金额											贷方金额											记账
			亿	千	百	十	万	千	百	十	元	角	分	亿	千	百	十	万	千	百	十	元	角	分	
附单据　张	合　计																								

会计主管：　　　　记账：　　　　审核：　　　　制证：

记　账　凭　证

年　　月　　日　　　　　　字第　　号

摘要	总账科目	明细科目	借方金额											贷方金额											记账
			亿	千	百	十	万	千	百	十	元	角	分	亿	千	百	十	万	千	百	十	元	角	分	
附单据　张	合　计																								

会计主管：　　　　记账：　　　　审核：　　　　制证：

记　账　凭　证

年　　月　　日　　　　　　　　　　　　字第　　号

摘要	总账科目	明细科目	借方金额											贷方金额											记账
			亿	千	百	十	万	千	百	十	元	角	分	亿	千	百	十	万	千	百	十	元	角	分	
附单据　张	合计																								

会计主管：　　　　记账：　　　　审核：　　　　制证：

记　账　凭　证

年　　月　　日　　　　　　　　　　　　字第　　号

摘要	总账科目	明细科目	借方金额											贷方金额											记账
			亿	千	百	十	万	千	百	十	元	角	分	亿	千	百	十	万	千	百	十	元	角	分	
附单据　张	合计																								

会计主管：　　　　记账：　　　　审核：　　　　制证：

记　账　凭　证

年　　月　　日　　　　　　　　　　　　字第　　号

摘要	总账科目	明细科目	借方金额											贷方金额											记账
			亿	千	百	十	万	千	百	十	元	角	分	亿	千	百	十	万	千	百	十	元	角	分	
附单据　张	合计																								

会计主管：　　　　记账：　　　　审核：　　　　制证：

记　账　凭　证

年　　月　　日　　　　　　　　　　　　　　　字第　　　号

摘　要	总账科目	明细科目	借方金额											贷方金额											记账
			亿	千	百	十	万	千	百	十	元	角	分	亿	千	百	十	万	千	百	十	元	角	分	
附单据　　张	合　计																								

会计主管：　　　　记账：　　　　审核：　　　　制证：

记　账　凭　证

年　　月　　日　　　　　　　　　　　　　　　字第　　　号

摘　要	总账科目	明细科目	借方金额											贷方金额											记账
			亿	千	百	十	万	千	百	十	元	角	分	亿	千	百	十	万	千	百	十	元	角	分	
附单据　　张	合　计																								

会计主管：　　　　记账：　　　　审核：　　　　制证：

记　账　凭　证

年　　月　　日　　　　　　　　　　　　　　　字第　　　号

摘　要	总账科目	明细科目	借方金额											贷方金额											记账
			亿	千	百	十	万	千	百	十	元	角	分	亿	千	百	十	万	千	百	十	元	角	分	
附单据　　张	合　计																								

会计主管：　　　　记账：　　　　审核：　　　　制证：

记　账　凭　证

年　　月　　日　　　　　　　　　　字第　　　号

摘　要	总账科目	明细科目	借方金额											贷方金额											记账
			亿	千	百	十	万	千	百	十	元	角	分	亿	千	百	十	万	千	百	十	元	角	分	
附单据　张	合　计																								

会计主管：　　　　记账：　　　　审核：　　　　制证：

记　账　凭　证

年　　月　　日　　　　　　　　　　字第　　　号

摘　要	总账科目	明细科目	借方金额											贷方金额											记账
			亿	千	百	十	万	千	百	十	元	角	分	亿	千	百	十	万	千	百	十	元	角	分	
附单据　张	合　计																								

会计主管：　　　　记账：　　　　审核：　　　　制证：

记　账　凭　证

年　　月　　日　　　　　　　　　　字第　　　号

摘　要	总账科目	明细科目	借方金额											贷方金额											记账
			亿	千	百	十	万	千	百	十	元	角	分	亿	千	百	十	万	千	百	十	元	角	分	
附单据　张	合　计																								

会计主管：　　　　记账：　　　　审核：　　　　制证：

记 账 凭 证

年 月 日 字第 号

摘 要	总账科目	明细科目	借方金额											贷方金额											记账
			亿	千	百	十	万	千	百	十	元	角	分	亿	千	百	十	万	千	百	十	元	角	分	
附单据 张	合 计																								

会计主管： 记账： 审核： 制证：

记 账 凭 证

年 月 日 字第 号

摘 要	总账科目	明细科目	借方金额											贷方金额											记账
			亿	千	百	十	万	千	百	十	元	角	分	亿	千	百	十	万	千	百	十	元	角	分	
附单据 张	合 计																								

会计主管： 记账： 审核： 制证：

记 账 凭 证

年 月 日 字第 号

摘 要	总账科目	明细科目	借方金额											贷方金额											记账
			亿	千	百	十	万	千	百	十	元	角	分	亿	千	百	十	万	千	百	十	元	角	分	
附单据 张	合 计																								

会计主管： 记账： 审核： 制证：

记　账　凭　证

年　　月　　日　　　　字第　　号

摘要	总账科目	明细科目	借方金额											贷方金额											记账
			亿	千	百	十	万	千	百	十	元	角	分	亿	千	百	十	万	千	百	十	元	角	分	
附单据　张	合　计																								

会计主管：　　记账：　　审核：　　制证：

记　账　凭　证

年　　月　　日　　　　字第　　号

摘要	总账科目	明细科目	借方金额											贷方金额											记账
			亿	千	百	十	万	千	百	十	元	角	分	亿	千	百	十	万	千	百	十	元	角	分	
附单据　张	合　计																								

会计主管：　　记账：　　审核：　　制证：

记　账　凭　证

年　　月　　日　　　　字第　　号

摘要	总账科目	明细科目	借方金额											贷方金额											记账
			亿	千	百	十	万	千	百	十	元	角	分	亿	千	百	十	万	千	百	十	元	角	分	
附单据　张	合　计																								

会计主管：　　记账：　　审核：　　制证：

记　账　凭　证

年　　月　　日　　　　　　　　字第　　号

摘　要	总账科目	明细科目	借方金额											贷方金额											记账
			亿	千	百	十	万	千	百	十	元	角	分	亿	千	百	十	万	千	百	十	元	角	分	
附单据　张	合　计																								

会计主管：　　记账：　　审核：　　制证：

记　账　凭　证

年　　月　　日　　　　　　　　字第　　号

摘　要	总账科目	明细科目	借方金额											贷方金额											记账
			亿	千	百	十	万	千	百	十	元	角	分	亿	千	百	十	万	千	百	十	元	角	分	
附单据　张	合　计																								

会计主管：　　记账：　　审核：　　制证：

记　账　凭　证

年　　月　　日　　　　　　　　字第　　号

摘　要	总账科目	明细科目	借方金额											贷方金额											记账
			亿	千	百	十	万	千	百	十	元	角	分	亿	千	百	十	万	千	百	十	元	角	分	
附单据　张	合　计																								

会计主管：　　记账：　　审核：　　制证：

二、T 型账户

银行存款

短期借款

原材料

制造费用

生产成本

库存现金

其他应收款	

应交税费	

主营业务收入	

管理费用	

实收资本	

应付账款	

其他应收款

营业外支出

在途物资

固定资产

应收账款

销售费用

预付账款	

应付职工薪酬	

预收账款	

应收账款	

财务费用	

应付利息	

累计折旧

主营业务成本

税金及附加

本年利润

所得税费用

利润分配

盈余公积

应付股利

三、科目汇总表

科目汇总表

年　　月　　日

凭证编号：

编号	会计科目	借方	贷方	总账　页次
	合计			

科目汇总表

年　　月　　日

凭证编号：

编号	会计科目	借方	贷方	总账　页次
	合计			

四、日记账

现　金　日　记　账　　　　第　　页

年度

20 年		凭证	摘　要	对方科目	收入（借方）金额										√	付出（贷方）金额										√	结余金额										√
月	日	号数			千	百	十	万	千	百	十	元	角	分		千	百	十	万	千	百	十	元	角	分		千	百	十	万	千	百	十	元	角	分	

现金日记账

第　　页

年度

20　年		凭证	摘　要	对方科目	收入（借方）金额										√	付出（贷方）金额										√	结余金额										√
月	日	号数			千	百	十	万	千	百	十	元	角	分		千	百	十	万	千	百	十	元	角	分		千	百	十	万	千	百	十	元	角	分	

现 金 日 记 账

第　　页

年度

20　年		凭证	摘　要	对方科目	收入（借方）金额										√	付出（贷方）金额										√	结余金额										√
月	日	号数			千	百	十	万	千	百	十	元	角	分		千	百	十	万	千	百	十	元	角	分		千	百	十	万	千	百	十	元	角	分	

银 行 存 款 日 记 账

第　　页

年度

账　　号________________

存款种类________________

20 年		凭证	支票	摘要	对方科目	收入（借方）金额											√	付出（贷方）金额											√	结余金额											√
月	日	号数	号数	(外汇收支应说明原币及汇率)		亿	千	百	十	万	千	百	十	元	角	分		亿	千	百	十	万	千	百	十	元	角	分		亿	千	百	十	万	千	百	十	元	角	分	

银行存款日记账

第　　页

账　　号________________

存款种类________________

年度

20 年		凭证	支票	摘要	对方科目	收入（借方）金额											√	付出（贷方）金额											√	结余金额											√
月	日	号数	号数	(外汇收支应说明原币及汇率)		亿	千	百	十	万	千	百	十	元	角	分		亿	千	百	十	万	千	百	十	元	角	分		亿	千	百	十	万	千	百	十	元	角	分	

银行存款日记账

第　　页

年度

账　　号＿＿＿＿＿＿＿＿

存款种类＿＿＿＿＿＿＿＿

20　年		凭证	支票	摘要 (外汇收支应说明原币及汇率)	对方科目	收入（借方）金额											√	付出（贷方）金额											√	结余金额											√
月	日	号数	号数			亿	千	百	十	万	千	百	十	元	角	分		亿	千	百	十	万	千	百	十	元	角	分		亿	千	百	十	万	千	百	十	元	角	分	

银 行 存 款 日 记 账

第　　页

年度

账　　号________________

存款种类________________

20　年		凭证	支票	摘要	对方科目	收入（借方）金额											√	付出（贷方）金额											√	结余金额											√
月	日	号数	号数	(外汇收支应说明原币及汇率)		亿	千	百	十	万	千	百	十	元	角	分		亿	千	百	十	万	千	百	十	元	角	分		亿	千	百	十	万	千	百	十	元	角	分	

银 行 存 款 日 记 账

第　　页

账　　号________________

存款种类________________

年度

20 年		凭证	支票	摘要	对方科目	收入（借方）金额											√	付出（贷方）金额											√	结余金额											√
月	日	号数	号数	(外汇收支应说明原币及汇率)		亿	千	百	十	万	千	百	十	元	角	分		亿	千	百	十	万	千	百	十	元	角	分		亿	千	百	十	万	千	百	十	元	角	分	

五、明细分类账

明 细 账

总第______页 分第______页

一级科目______________

二级科目或明细科目______________

20 年		凭 证		摘 要	借方金额												√	贷方金额												√	借或贷	余额												√
月	日	种类	号数		十	亿	千	百	十	万	千	百	十	元	角	分		十	亿	千	百	十	万	千	百	十	元	角	分			十	亿	千	百	十	万	千	百	十	元	角	分	

明 细 账

总第______页 分第______页

一 级 科 目______________

二级科目或明细科目______________

20 年		凭 证		摘 要	借方金额												√	贷方金额												√	借或贷	余额												√
月	日	种类	号数		十	亿	千	百	十	万	千	百	十	元	角	分		十	亿	千	百	十	万	千	百	十	元	角	分			十	亿	千	百	十	万	千	百	十	元	角	分	

明 细 账

总第＿＿＿页 分第＿＿＿页

一 级 科 目＿＿＿＿＿＿

二级科目或明细科目＿＿＿＿＿＿

20 年		凭 证		摘 要	借方金额												√	贷方金额												√	借或贷	余 额												√
月	日	种类	号数		十	亿	千	百	十	万	千	百	十	元	角	分		十	亿	千	百	十	万	千	百	十	元	角	分			十	亿	千	百	十	万	千	百	十	元	角	分	

明细账

总第＿＿＿＿页 分第＿＿＿＿页

一级科目＿＿＿＿＿＿＿＿

二级科目或明细科目＿＿＿＿＿＿＿＿

20 年		凭证		摘要	借方金额												√	贷方金额												√	借或贷	余额												√
月	日	种类	号数		十	亿	千	百	十	万	千	百	十	元	角	分		十	亿	千	百	十	万	千	百	十	元	角	分			十	亿	千	百	十	万	千	百	十	元	角	分	

明 细 账

一级科目______________

二级科目或明细科目______________

20 年		凭证		摘要	借方金额												√	贷方金额												√	借或贷	余额												√
月	日	种类	号数		十	亿	千	百	十	万	千	百	十	元	角	分		十	亿	千	百	十	万	千	百	十	元	角	分			十	亿	千	百	十	万	千	百	十	元	角	分	

明细账

总第______页 分第______页

一级科目______

二级科目或明细科目______

20 年		凭证		摘要	借方金额												√	贷方金额												√	借或贷	余额												√
月	日	种类	号数		十	亿	千	百	十	万	千	百	十	元	角	分		十	亿	千	百	十	万	千	百	十	元	角	分			十	亿	千	百	十	万	千	百	十	元	角	分	

明细账

总第______页 分第______页

一 级 科 目______________

二级科目或明细科目______________

20 年		凭证		摘要	借方金额												√	贷方金额												√	借或贷	余额												√
月	日	种类	号数		十	亿	千	百	十	万	千	百	十	元	角	分		十	亿	千	百	十	万	千	百	十	元	角	分			十	亿	千	百	十	万	千	百	十	元	角	分	

明　细　账

总第＿＿＿＿页　分第＿＿＿＿页

一　级　科　目＿＿＿＿＿＿＿＿

二级科目或明细科目＿＿＿＿＿＿＿＿

20 年		凭证		摘要	借方金额												√	贷方金额												√	借或贷	余额												√
月	日	种类	号数		十	亿	千	百	十	万	千	百	十	元	角	分		十	亿	千	百	十	万	千	百	十	元	角	分			十	亿	千	百	十	万	千	百	十	元	角	分	

明 细 账

总第______页 分第______页

一 级 科 目______________

二级科目或明细科目______________

20 年		凭 证		摘 要	借方金额												√	贷方金额												√	借或贷	余额												√
月	日	种类	号数		十	亿	千	百	十	万	千	百	十	元	角	分		十	亿	千	百	十	万	千	百	十	元	角	分			十	亿	千	百	十	万	千	百	十	元	角	分	

明 细 账

总第______页 分第______页

一 级 科 目______

二级科目或明细科目______

20 年		凭 证		摘 要	借 方 金 额												√	贷 方 金 额												√	借或贷	余 额												√
月	日	种类	号数		十	亿	千	百	十	万	千	百	十	元	角	分		十	亿	千	百	十	万	千	百	十	元	角	分			十	亿	千	百	十	万	千	百	十	元	角	分	

明 细 账

总第______页 分第______页

一 级 科 目______

二级科目或明细科目______

20 年		凭 证		摘 要	借 方 金 额												√	贷 方 金 额												√	借或贷	余 额												√
月	日	种类	号数		十	亿	千	百	十	万	千	百	十	元	角	分		十	亿	千	百	十	万	千	百	十	元	角	分			十	亿	千	百	十	万	千	百	十	元	角	分	

明 细 账

总第____页 分第____页

一 级 科 目____________

二级科目或明细科目____________

20 年		凭 证		摘 要	借 方 金 额												√	贷 方 金 额												√	借或贷	余 额												√
月	日	种类	号数		十	亿	千	百	十	万	千	百	十	元	角	分		十	亿	千	百	十	万	千	百	十	元	角	分			十	亿	千	百	十	万	千	百	十	元	角	分	

明细账

总第______页 分第______页

一级科目____________________

二级科目或明细科目____________________

20 年		凭证		摘要	借方金额												√	贷方金额												√	借或贷	余额												√
月	日	种类	号数		十	亿	千	百	十	万	千	百	十	元	角	分		十	亿	千	百	十	万	千	百	十	元	角	分			十	亿	千	百	十	万	千	百	十	元	角	分	

总第____页 分第____页

明细账

一级科目____________

二级科目或明细科目____________

20 年		凭证		摘要	借方金额												√	贷方金额												√	借或贷	余额												√
月	日	种类	号数		十	亿	千	百	十	万	千	百	十	元	角	分		十	亿	千	百	十	万	千	百	十	元	角	分			十	亿	千	百	十	万	千	百	十	元	角	分	

明 细 账

总第______页 分第______页

一 级 科 目______________

二级科目或明细科目______________

20 年		凭 证		摘 要	借方金额												√	贷方金额												√	借或贷	余 额												√
月	日	种类	号数		十	亿	千	百	十	万	千	百	十	元	角	分		十	亿	千	百	十	万	千	百	十	元	角	分			十	亿	千	百	十	万	千	百	十	元	角	分	

明 细 账

总第＿＿＿页 分第＿＿＿页

一 级 科 目＿＿＿＿＿＿

二级科目或明细科目＿＿＿＿＿＿

20 年		凭 证		摘 要	借方金额												√	贷方金额												√	借或贷	余 额												√
月	日	种类	号数		十	亿	千	百	十	万	千	百	十	元	角	分		十	亿	千	百	十	万	千	百	十	元	角	分			十	亿	千	百	十	万	千	百	十	元	角	分	

明 细 账

总第______页 分第______页

一 级 科 目______

二级科目或明细科目______

20 年		凭证		摘要	借方金额												√	贷方金额												√	借或贷	余额												√
月	日	种类	号数		十	亿	千	百	十	万	千	百	十	元	角	分		十	亿	千	百	十	万	千	百	十	元	角	分			十	亿	千	百	十	万	千	百	十	元	角	分	

明 细 账

总第＿＿＿＿页 分第＿＿＿＿页

一 级 科 目＿＿＿＿＿＿＿＿

二级科目或明细科目＿＿＿＿＿＿＿＿

20 年		凭 证		摘 要	借方金额												√	贷方金额												√	借或贷	余 额												√
月	日	种类	号数		十	亿	千	百	十	万	千	百	十	元	角	分		十	亿	千	百	十	万	千	百	十	元	角	分			十	亿	千	百	十	万	千	百	十	元	角	分	

明 细 账

总第＿＿＿＿页 分第＿＿＿＿页

一 级 科 目＿＿＿＿＿＿＿＿

二级科目或明细科目＿＿＿＿＿＿＿＿

20 年		凭 证		摘 要	借方金额												√	贷方金额												√	借或贷	余 额												√
月	日	种类	号数		十	亿	千	百	十	万	千	百	十	元	角	分		十	亿	千	百	十	万	千	百	十	元	角	分			十	亿	千	百	十	万	千	百	十	元	角	分	

明细账

总第______页 分第______页

一级科目______________

二级科目或明细科目______________

20 年		凭证		摘要	借方金额												√	贷方金额												√	借或贷	余额												√
月	日	种类	号数		十	亿	千	百	十	万	千	百	十	元	角	分		十	亿	千	百	十	万	千	百	十	元	角	分			十	亿	千	百	十	万	千	百	十	元	角	分	

总第______页 分第______页

一 级 科 目______

二级科目或明细科目______

明 细 账

20 年		凭 证		摘 要	借方金额												√	贷方金额												√	借或贷	余 额												√
月	日	种类	号数		十	亿	千	百	十	万	千	百	十	元	角	分		十	亿	千	百	十	万	千	百	十	元	角	分			十	亿	千	百	十	万	千	百	十	元	角	分	

明细账

总第______页 分第______页

一级科目______________

二级科目或明细科目______________

20 年		凭证		摘要	借方金额												√	贷方金额												√	借或贷	余额												√
月	日	种类	号数		十	亿	千	百	十	万	千	百	十	元	角	分		十	亿	千	百	十	万	千	百	十	元	角	分			十	亿	千	百	十	万	千	百	十	元	角	分	

明 细 账

总第______页 分第______页

一级科目______________

二级科目或明细科目______________

20 年		凭证		摘要	借方金额												√	贷方金额												√	借或贷	余额												√
月	日	种类	号数		十	亿	千	百	十	万	千	百	十	元	角	分		十	亿	千	百	十	万	千	百	十	元	角	分			十	亿	千	百	十	万	千	百	十	元	角	分	

明 细 账

总第______页 分第______页

一 级 科 目______________________

二级科目或明细科目______________________

20 年		凭 证		摘 要	借 方 金 额												√	贷 方 金 额												√	借或贷	余 额												√
月	日	种类	号数		十	亿	千	百	十	万	千	百	十	元	角	分		十	亿	千	百	十	万	千	百	十	元	角	分			十	亿	千	百	十	万	千	百	十	元	角	分	

明　细　账

第＿＿＿＿页

最高储备量＿＿＿＿　类　别＿＿＿＿　储备定额＿＿＿＿　编　号＿＿＿＿　规　格＿＿＿＿

最低储备量＿＿＿＿　存放地点＿＿＿＿　计划单价＿＿＿＿　计量单位＿＿＿＿　名　称＿＿＿＿

201 年		凭证		摘要	收入（借方）												发出（贷方）												结存											
月	日	种类	号数		数量	单价	金额										数量	单价	金额										数量	单价	金额									
							千	百	十	万	千	百	十	元	角	分			千	百	十	万	千	百	十	元	角	分			千	百	十	万	千	百	十	元	角	分

明　细　账

第________页

最高储备量________ 类　别________ 储备定额________ 编　号________ 规　格________
最低储备量________ 存放地点________ 计划单价________ 计量单位________ 名　称________

201 年		凭 证		摘 要	收 入（借 方）												发 出（贷 方）												结 存											
月	日	种类	号数		数量	单价	金额										数量	单价	金额										数量	单价	金额									
							千	百	十	万	千	百	十	元	角	分			千	百	十	万	千	百	十	元	角	分			千	百	十	万	千	百	十	元	角	分

明 细 账

第____页

最高储备量____ 类　别____ 储备定额____ 编　号____ 规　格____

最低储备量____ 存放地点____ 计划单价____ 计量单位____ 名　称____

201 年		凭证		摘要	收入（借方）												发出（贷方）												结存											
月	日	种类	号数		数量	单价	金额										数量	单价	金额										数量	单价	金额									
							千	百	十	万	千	百	十	元	角	分			千	百	十	万	千	百	十	元	角	分			千	百	十	万	千	百	十	元	角	分

明 细 账

第______页

最高储备量______ 类 别______ 储备定额______ 编 号______ 规 格______

最低储备量______ 存放地点______ 计划单价______ 计量单位______ 名 称______

201 年		凭 证		摘 要	收 入（借 方）												发 出（贷 方）												结 存											
月	日	种类	号数		数量	单价	金额										数量	单价	金额										数量	单价	金额									
							千	百	十	万	千	百	十	元	角	分			千	百	十	万	千	百	十	元	角	分			千	百	十	万	千	百	十	元	角	分

明细账

第＿＿＿＿页

最高储备量＿＿＿＿＿＿ 类别＿＿＿＿＿＿ 储备定额＿＿＿＿＿＿ 编号＿＿＿＿＿＿ 规格＿＿＿＿＿＿

最低储备量＿＿＿＿＿＿ 存放地点＿＿＿＿＿＿ 计划单价＿＿＿＿＿＿ 计量单位＿＿＿＿＿＿ 名称＿＿＿＿＿＿

201 年		凭证		摘要	收入（借方）												发出（贷方）												结存											
月	日	种类	号数		数量	单价	金额										数量	单价	金额										数量	单价	金额									
							千	百	十	万	千	百	十	元	角	分			千	百	十	万	千	百	十	元	角	分			千	百	十	万	千	百	十	元	角	分

明细账

第＿＿＿＿页

最高储备量＿＿＿＿＿＿ 类　别＿＿＿＿＿＿ 储备定额＿＿＿＿＿＿ 编　号＿＿＿＿＿＿ 规　格＿＿＿＿＿＿

最低储备量＿＿＿＿＿＿ 存放地点＿＿＿＿＿＿ 计划单价＿＿＿＿＿＿ 计量单位＿＿＿＿＿＿ 名　称＿＿＿＿＿＿

201 年		凭证		摘要	收入（借方）												发出（贷方）												结存											
月	日	种类	号数		数量	单价	金额										数量	单价	金额										数量	单价	金额									
							千	百	十	万	千	百	十	元	角	分			千	百	十	万	千	百	十	元	角	分			千	百	十	万	千	百	十	元	角	分

明 细 账

第______页

最高储备量______ 类 别______ 储备定额______ 编 号______ 规 格______

最低储备量______ 存放地点______ 计划单价______ 计量单位______ 名 称______

201 年		凭证		摘要	收入（借方）												发出（贷方）												结存											
月	日	种类	号数		数量	单价	金额										数量	单价	金额										数量	单价	金额									
							千	百	十	万	千	百	十	元	角	分			千	百	十	万	千	百	十	元	角	分			千	百	十	万	千	百	十	元	角	分

明 细 账

第＿＿＿＿页

最高储备量＿＿＿＿＿＿ 类 别＿＿＿＿＿＿ 储备定额＿＿＿＿＿＿ 编 号＿＿＿＿＿＿ 规 格＿＿＿＿＿＿

最低储备量＿＿＿＿＿＿ 存放地点＿＿＿＿＿＿ 计划单价＿＿＿＿＿＿ 计量单位＿＿＿＿＿＿ 名 称＿＿＿＿＿＿

201 年		凭证		摘要	收入（借方）												发出（贷方）												结存											
月	日	种类	号数		数量	单价	金额										数量	单价	金额										数量	单价	金额									
							千	百	十	万	千	百	十	元	角	分			千	百	十	万	千	百	十	元	角	分			千	百	十	万	千	百	十	元	角	分

明 细 账

总第____页 分第____页

____级科目编号及名称______________

____级科目编号及名称______________

20 年		凭证号数	摘 要	借方（收方）	贷方（付方）	借或贷	余 额				
月	日			千百十万千百十元角分	千百十万千百十元角分		千百十万千百十元角分	千百十万千百十元角分	千百十万千百十元角分	千百十万千百十元角分	千百十万千百十元角分

明　细　账

总第＿＿＿页　分第＿＿＿页

＿＿级科目编号及名称＿＿＿＿＿＿＿＿＿＿

＿＿级科目编号及名称＿＿＿＿＿＿＿＿＿＿

千	百	十	万	千	百	十	元	角	分	千	百	十	万	千	百	十	元	角	分	千	百	十	万	千	百	十	元	角	分	千	百	十	万	千	百	十	元	角	分	千	百	十	万	千	百	十	元	角	分	千	百	十	万	千	百	十	元	角	分	千	百	十	万	千	百	十	元	角	分	千	百	十	万	千	百	十	元	角	分

明　细　账

总第______页　分第______页

____级科目编号及名称__________________

____级科目编号及名称__________________

20 年		凭证号数	摘要	借方（收方）										贷方（付方）										借或贷	余额																																																			
月	日			千	百	十	万	千	百	十	元	角	分	千	百	十	万	千	百	十	元	角	分		千	百	十	万	千	百	十	元	角	分	千	百	十	万	千	百	十	元	角	分	千	百	十	万	千	百	十	元	角	分	千	百	十	万	千	百	十	元	角	分	千	百	十	万	千	百	十	元	角	分

明 细 账

总第____页 分第____页

____级科目编号及名称____________

____级科目编号及名称____________

千	百	十	万	千	百	十	元	角	分	千	百	十	万	千	百	十	元	角	分	千	百	十	万	千	百	十	元	角	分	千	百	十	万	千	百	十	元	角	分	千	百	十	万	千	百	十	元	角	分	千	百	十	万	千	百	十	元	角	分	千	百	十	万	千	百	十	元	角	分	千	百	十	万	千	百	十	元	角	分

明 细 账

总第______页　分第______页

______级科目编号及名称______________

______级科目编号及名称______________

20　年		凭证号数	摘　要	借方（收方）	贷方（付方）	借或贷	余　额				
月	日			千百十万千百十元角分	千百十万千百十元角分		千百十万千百十元角分	千百十万千百十元角分	千百十万千百十元角分	千百十万千百十元角分	千百十万千百十元角分

明 细 账

总第______页　　分第______页

______级科目编号及名称______________________

______级科目编号及名称______________________

千	百	十	万	千	百	十	元	角	分	千	百	十	万	千	百	十	元	角	分	千	百	十	万	千	百	十	元	角	分	千	百	十	万	千	百	十	元	角	分	千	百	十	万	千	百	十	元	角	分	千	百	十	万	千	百	十	元	角	分	千	百	十	万	千	百	十	元	角	分	千	百	十	万	千	百	十	元	角	分

总第____页　分第____页

明　细　账

____级科目编号及名称__________

____级科目编号及名称__________

20 年		凭证号数	摘　要	借方（收方）	贷方（付方）	借或贷	余　额				
月	日			千百十万千百十元角分	千百十万千百十元角分		千百十万千百十元角分	千百十万千百十元角分	千百十万千百十元角分	千百十万千百十元角分	千百十万千百十元角分

明　细　账

总第______页　　分第_____页

_____级科目编号及名称______________________

_____级科目编号及名称______________________

千	百	十	万	千	百	十	元	角	分	千	百	十	万	千	百	十	元	角	分	千	百	十	万	千	百	十	元	角	分	千	百	十	万	千	百	十	元	角	分	千	百	十	万	千	百	十	元	角	分	千	百	十	万	千	百	十	元	角	分	千	百	十	万	千	百	十	元	角	分	千	百	十	万	千	百	十	元	角	分

明 细 账

总第____页　分第____页

____级科目编号及名称____________

____级科目编号及名称____________

20 年		凭证号数	摘　要	借方（收方）	贷方（付方）	借或贷	余　额				
月	日			千百十万千百十元角分	千百十万千百十元角分		千百十万千百十元角分	千百十万千百十元角分	千百十万千百十元角分	千百十万千百十元角分	千百十万千百十元角分

总第______页　　分第_____页

明　细　账

_____级科目编号及名称____________________

_____级科目编号及名称____________________

千	百	十	万	千	百	十	元	角	分	千	百	十	万	千	百	十	元	角	分	千	百	十	万	千	百	十	元	角	分	千	百	十	万	千	百	十	元	角	分	千	百	十	万	千	百	十	元	角	分	千	百	十	万	千	百	十	元	角	分	千	百	十	万	千	百	十	元	角	分	千	百	十	万	千	百	十	元	角	分

总第______页　分第______页

一级科目编号及名称______________

二级科目编号及名称______________

应交税费

年		凭证		摘要	借方																																																										
月	日	种类	编号		合计										进项税额										已交税金																														转出未交增值税									
					千	百	十	万	千	百	十	元	角	分	千	百	十	万	千	百	十	元	角	分	千	百	十	万	千	百	十	元	角	分	千	百	十	万	千	百	十	元	角	分	千	百	十	万	千	百	十	元	角	分	千	百	十	万	千	百	十	元	角	分

应交增值税明细账

总第______页　分第______页
一级科目编号及名称______________
二级科目编号及名称______________

贷方							借或贷	余额
合计	销项税额	出口退税	进项税额转出			转出多交增值税		
千百十万千百十元角分	千百十万千百十元角分	千百十万千百十元角分	千百十万千百十元角分	千百十万千百十元角分	千百十万千百十元角分	千百十万千百十元角分		千百十万千百十元角分

六、总账分类

总　　账　　　　　　第　　页

年度

20　年		凭证	摘　要	对方科目	收入（借方）金额										√	付出（贷方）金额										√	结余金额										√
月	日	号数			千	百	十	万	千	百	十	元	角	分		千	百	十	万	千	百	十	元	角	分		千	百	十	万	千	百	十	元	角	分	

总　　账

第　　页

年度

20　年		凭证	摘　　要	对方科目	收入（借方）金额										√	付出（贷方）金额										√	结余金额										√
月	日	号数			千	百	十	万	千	百	十	元	角	分		千	百	十	万	千	百	十	元	角	分		千	百	十	万	千	百	十	元	角	分	

总　　账

第　　页

年度

20　年		凭证	摘　　要	对方科目	收入（借方）金额										√	付出（贷方）金额										√	结余金额										√
月	日	号数			千	百	十	万	千	百	十	元	角	分		千	百	十	万	千	百	十	元	角	分		千	百	十	万	千	百	十	元	角	分	

总　　账

第　　页

年度

20　年		凭证	摘　　要	对方科目	收入（借方）金额										√	付出（贷方）金额										√	结余金额										√
月	日	号数			千	百	十	万	千	百	十	元	角	分		千	百	十	万	千	百	十	元	角	分		千	百	十	万	千	百	十	元	角	分	

总　　账

第　　页

年度

20　年		凭证号数	摘要	对方科目	收入（借方）金额										√	付出（贷方）金额										√	结余金额										√
月	日				千	百	十	万	千	百	十	元	角	分		千	百	十	万	千	百	十	元	角	分		千	百	十	万	千	百	十	元	角	分	

总　　账

第　　页

年度

20　年		凭证	摘　要	对方科目	收入（借方）金额										√	付出（贷方）金额										√	结余金额										√
月	日	号数			千	百	十	万	千	百	十	元	角	分		千	百	十	万	千	百	十	元	角	分		千	百	十	万	千	百	十	元	角	分	

总　　账

第　　页

年度

20　年		凭证	摘　要	对方科目	收入（借方）金额										√	付出（贷方）金额										√	结余金额										√
月	日	号数			千	百	十	万	千	百	十	元	角	分		千	百	十	万	千	百	十	元	角	分		千	百	十	万	千	百	十	元	角	分	

总　账

第　页

年度

20　年		凭证	摘　要	对方科目	收入（借方）金额										√	付出（贷方）金额										√	结余金额										√
月	日	号数			千	百	十	万	千	百	十	元	角	分		千	百	十	万	千	百	十	元	角	分		千	百	十	万	千	百	十	元	角	分	

总　　账

第　　页

年度

20　年		凭证	摘　要	对方科目	收入（借方）金额										√	付出（贷方）金额										√	结余金额										√
月	日	号数			千	百	十	万	千	百	十	元	角	分		千	百	十	万	千	百	十	元	角	分		千	百	十	万	千	百	十	元	角	分	

总　　账

第　　页

年度

20　年		凭证	摘　要	对方科目	收入（借方）金额										√	付出（贷方）金额										√	结余金额										√
月	日	号数			千	百	十	万	千	百	十	元	角	分		千	百	十	万	千	百	十	元	角	分		千	百	十	万	千	百	十	元	角	分	

总　　账

第　　页

年度

20　年		凭证	摘　要	对方科目	收入（借方）金额										√	付出（贷方）金额										√	结余金额										√
月	日	号数			千	百	十	万	千	百	十	元	角	分		千	百	十	万	千	百	十	元	角	分		千	百	十	万	千	百	十	元	角	分	

总　　账

第　　页

年度

20　年		凭证	摘　要	对方科目	收入（借方）金额										√	付出（贷方）金额										√	结余金额										√
月	日	号数			千	百	十	万	千	百	十	元	角	分		千	百	十	万	千	百	十	元	角	分		千	百	十	万	千	百	十	元	角	分	

总　　账

第　　页

年度

20 年		凭证	摘　要	对方科目	收入（借方）金额										√	付出（贷方）金额										√	结余金额										√
月	日	号数			千	百	十	万	千	百	十	元	角	分		千	百	十	万	千	百	十	元	角	分		千	百	十	万	千	百	十	元	角	分	

总　　账

第　　页

年度

20　年		凭证	摘　　要	对方科目	收入（借方）金额										√	付出（贷方）金额										√	结余金额										√
月	日	号数			千	百	十	万	千	百	十	元	角	分		千	百	十	万	千	百	十	元	角	分		千	百	十	万	千	百	十	元	角	分	

总　　账

第　　页

年度

20　年		凭证	摘　　要	对方科目	收入（借方）金额										√	付出（贷方）金额										√	结余金额										√
月	日	号数			千	百	十	万	千	百	十	元	角	分		千	百	十	万	千	百	十	元	角	分		千	百	十	万	千	百	十	元	角	分	

总　　账

第　　页

年度

20　年		凭证	摘　　要	对方科目	收入（借方）金额										√	付出（贷方）金额										√	结余金额										√
月	日	号数			千	百	十	万	千	百	十	元	角	分		千	百	十	万	千	百	十	元	角	分		千	百	十	万	千	百	十	元	角	分	

总　账

第　页

年度

20 年		凭证	摘要	对方科目	收入（借方）金额										✓	付出（贷方）金额										✓	结余金额										✓
月	日	号数			千	百	十	万	千	百	十	元	角	分		千	百	十	万	千	百	十	元	角	分		千	百	十	万	千	百	十	元	角	分	

总　账

第　页

年度

20　年		凭证	摘要	对方科目	收入（借方）金额										√	付出（贷方）金额										√	结余金额										√
月	日	号数			千	百	十	万	千	百	十	元	角	分		千	百	十	万	千	百	十	元	角	分		千	百	十	万	千	百	十	元	角	分	

总　　账

第　　页

年度

20　年		凭证	摘　　要	对方科目	收入（借方）金额										√	付出（贷方）金额										√	结余金额										√
月	日	号数			千	百	十	万	千	百	十	元	角	分		千	百	十	万	千	百	十	元	角	分		千	百	十	万	千	百	十	元	角	分	

总　　账

第　　页

年度

20 年		凭证	摘　　要	对方科目	收入（借方）金额										√	付出（贷方）金额										√	结余金额										√
月	日	号数			千	百	十	万	千	百	十	元	角	分		千	百	十	万	千	百	十	元	角	分		千	百	十	万	千	百	十	元	角	分	

总　　账

第　　页

年度

20　年		凭证	摘　要	对方科目	收入（借方）金额										√	付出（贷方）金额										√	结余金额										√
月	日	号数			千	百	十	万	千	百	十	元	角	分		千	百	十	万	千	百	十	元	角	分		千	百	十	万	千	百	十	元	角	分	

总　账

第　页

年度

20 年		凭证	摘要	对方科目	收入（借方）金额										√	付出（贷方）金额										√	结余金额										√
月	日	号数			千	百	十	万	千	百	十	元	角	分		千	百	十	万	千	百	十	元	角	分		千	百	十	万	千	百	十	元	角	分	

总　　账

第　　页

年度

20　年		凭证	摘　要	对方科目	收入（借方）金额										√	付出（贷方）金额										√	结余金额										√
月	日	号数			千	百	十	万	千	百	十	元	角	分		千	百	十	万	千	百	十	元	角	分		千	百	十	万	千	百	十	元	角	分	

总　　账

第　　页

年度

20　年		凭证	摘　　要	对方科目	收入（借方）金额										√	付出（贷方）金额										√	结余金额										√
月	日	号数			千	百	十	万	千	百	十	元	角	分		千	百	十	万	千	百	十	元	角	分		千	百	十	万	千	百	十	元	角	分	

总　　账

第　　页

年度

20 年		凭证	摘　　要	对方科目	收入（借方）金额										√	付出（贷方）金额										√	结余金额										√
月	日	号数			千	百	十	万	千	百	十	元	角	分		千	百	十	万	千	百	十	元	角	分		千	百	十	万	千	百	十	元	角	分	

总　　账

第　　页

年度

20　年		凭证号数	摘要	对方科目	收入（借方）金额										√	付出（贷方）金额										√	结余金额										√
月	日				千	百	十	万	千	百	十	元	角	分		千	百	十	万	千	百	十	元	角	分		千	百	十	万	千	百	十	元	角	分	

总　　账

第　　页

年度

20　年		凭证	摘　要	对方科目	收入（借方）金额										√	付出（贷方）金额										√	结余金额										√
月	日	号数			千	百	十	万	千	百	十	元	角	分		千	百	十	万	千	百	十	元	角	分		千	百	十	万	千	百	十	元	角	分	

总　　账

第　　页

年度

20　年		凭证	摘　　要	对方科目	收入（借方）金额										√	付出（贷方）金额										√	结余金额										√
月	日	号数			千	百	十	万	千	百	十	元	角	分		千	百	十	万	千	百	十	元	角	分		千	百	十	万	千	百	十	元	角	分	

总　账

第　　页

年度

20 年		凭证	摘　要	对方科目	收入（借方）金额										√	付出（贷方）金额										√	结余金额										√
月	日	号数			千	百	十	万	千	百	十	元	角	分		千	百	十	万	千	百	十	元	角	分		千	百	十	万	千	百	十	元	角	分	

总　　账

第　　页

年度

20　年		凭证号数	摘　　要	对方科目	收入（借方）金额										√	付出（贷方）金额										√	结余金额										√
月	日				千	百	十	万	千	百	十	元	角	分		千	百	十	万	千	百	十	元	角	分		千	百	十	万	千	百	十	元	角	分	

总　　账

第　　页

年度

20　年		凭证	摘　要	对方科目	收入（借方）金额										√	付出（贷方）金额										√	结余金额										√
月	日	号数			千	百	十	万	千	百	十	元	角	分		千	百	十	万	千	百	十	元	角	分		千	百	十	万	千	百	十	元	角	分	

总　　账

第　　页

年度

20　年		凭证	摘　要	对方科目	收入（借方）金额										√	付出（贷方）金额										√	结余金额										√
月	日	号数			千	百	十	万	千	百	十	元	角	分		千	百	十	万	千	百	十	元	角	分		千	百	十	万	千	百	十	元	角	分	

总　　账

第　　页

年度

20　年		凭证	摘　　要	对方科目	收入（借方）金额										√	付出（贷方）金额										√	结余金额										√
月	日	号数			千	百	十	万	千	百	十	元	角	分		千	百	十	万	千	百	十	元	角	分		千	百	十	万	千	百	十	元	角	分	

总　　账

第　　页

年度

20　年		凭证	摘　　要	对方科目	收入（借方）金额										√	付出（贷方）金额										√	结余金额										√
月	日	号数			千	百	十	万	千	百	十	元	角	分		千	百	十	万	千	百	十	元	角	分		千	百	十	万	千	百	十	元	角	分	

总　　账

第　　页

年度

20　年		凭证	摘　要	对方科目	收入（借方）金额										√	付出（贷方）金额										√	结余金额										√
月	日	号数			千	百	十	万	千	百	十	元	角	分		千	百	十	万	千	百	十	元	角	分		千	百	十	万	千	百	十	元	角	分	

总　　账

第　　页

年度

20 年		凭证号数	摘　要	对方科目	收入（借方）金额										√	付出（贷方）金额										√	结余金额										√
月	日				千	百	十	万	千	百	十	元	角	分		千	百	十	万	千	百	十	元	角	分		千	百	十	万	千	百	十	元	角	分	

总　　账

第　　页

年度

20　年		凭证	摘　要	对方科目	收入（借方）金额										√	付出（贷方）金额										√	结余金额										√
月	日	号数			千	百	十	万	千	百	十	元	角	分		千	百	十	万	千	百	十	元	角	分		千	百	十	万	千	百	十	元	角	分	

总　　账

第　　页

年度

20　年		凭证号数	摘　　要	对方科目	收入（借方）金额										√	付出（贷方）金额										√	结余金额										√
月	日				千	百	十	万	千	百	十	元	角	分		千	百	十	万	千	百	十	元	角	分		千	百	十	万	千	百	十	元	角	分	

总　　账

第　　页

年度

20　年		凭证	摘　要	对方科目	收入（借方）金额										√	付出（贷方）金额										√	结余金额										√
月	日	号数			千	百	十	万	千	百	十	元	角	分		千	百	十	万	千	百	十	元	角	分		千	百	十	万	千	百	十	元	角	分	

总　　账

第　　页

年度

20　年		凭证	摘　要	对方科目	收入（借方）金额										√	付出（贷方）金额										√	结余金额										√
月	日	号数			千	百	十	万	千	百	十	元	角	分		千	百	十	万	千	百	十	元	角	分		千	百	十	万	千	百	十	元	角	分	

七、试算平衡表

试算平衡表

单位名称：　　　　　　　　　　　　年　　月　　日　　　　　　　　　　　　单位：元

科目名称	期初余额		本期发生额		期末余额	
	借方	贷方	借方	贷方	借方	贷方

续表

科目名称	期初余额		本期发生额		期末余额	
	借方	贷方	借方	贷方	借方	贷方
合计						

八、财务报表

资产负债表

会企01 表

编制单位：　　　　　　　　　　　　___年___月___日　　　　　　　　　　　　单位：元

资产	期末余额	年初余额	负债和所有者权益（或股东权益）	期末余额	年初余额
流动资产：			流动负债：		
货币资金			短期借款		
以公允价值计量且其变动计入当期损益的金融资产			以公允价值计量且其变动计入当期损益的金融负债		
衍生金融资产			衍生金融负债		
应收票据			应付票据		
应收账款			应付账款		
预付款项			预收款项		
应收利息			应付职工薪酬		
应收股利			应交税费		
其他应收款			应付利息		
存货			应付股利		
持有待售资产			其他应付款		
一年内到期的非流动资产			持有待售负债		
其他流动资产			一年内到期的非流动负债		
流动资产合计			其他流动负债		
非流动资产：			流动负债合计		
可供出售金融资产			非流动负债：		
持有至到期投资			长期借款		
长期应收款			应付债券		
长期股权投资			其中：优先股		
投资性房地产			永续债		
固定资产			长期应付款		
在建工程			专项应付款		
工程物资			预计负债		
固定资产清理			递延收益		
生产性生物资产			递延所得税负债		
油气资产			其他非流动负债		
无形资产			非流动负债合计		
开发支出			负债合计		
商誉			所有者权益（或股东权益）：		
长期待摊费用			实收资本（或股本）		
递延所得税资产			其他权益工具		
其他非流动资产			其中：优先股		
非流动资产合计			永续债		
			资本公积		
			减：库存股		
			其他综合收益		
			盈余公积		
			未分配利润		
			所有者权益（或股东权益）合计		
资产总计			负债和所有者权益（或股东权益）合计		

利润表

会企02 表

编制单位：　　　　　　　　　　　　　　　　　____年____月　　　　　　　　　　　　　　　　　单位：元

项目	本期金额	上期金额
一、营业收入		
减：营业成本		
税金及附加		
销售费用		
管理费用		
财务费用		
资产减值损失		
加：公允价值变动收益（损失以“—”号填列）		
投资收益（损失以“—”号填列）		
其中：对联营企业和合营企业的投资收益		
资产处置收益（损失以“—”号填列）		
其他收益		
二、营业利润（亏损以“—”号填列）		
加：营业外收入		
减：营业外支出		
三、利润总额（亏损总额以“—”号填列）		
减：所得税费用		
四、净利润（净亏损以“—”号填列）		
（一）持续经营净利润（净亏损以“—”号填列）		
（二）终止经营净利润（净亏损以“—”号填列）		
五、其他综合收益的税后净额		
（一）以后不能重分类进损益的其他综合收益		
1．重新计量设定受益计划净负债或净资产的变动		
2．权益法下在被投资单位不能重分类进损益的其他综合收益中享有的份额		
……		
（二）以后将重分类进损益的其他综合收益		
1．权益法下在被投资单位以后将重分类进损益的其他综合收益中享有的份额		
2．可供出售金融资产公允价值变动损益		
3．持有至到期投资重分类为可供出售金融资产损益		
4．现金流量套期损益的有效部分		
5．外币财务报表折算差额		
……		
六、综合收益总额		
七、每股收益：		
（一）基本每股收益		
（二）稀释每股收益		

附录 1

记账凭证封皮

单位名称：______________________

记 账 凭 证 封 皮

日期______年____月____日至______年______月______日

编号_________月份______第　册　　（本月共　　册）

原始凭证张数____________张　　　记账凭单_______页

本册包括	现收字	自第	号至第	号共	份
	现付字	自第	号至第	号共	份
	银收字	自第	号至第	号共	份
	银付字	自第	号至第	号共	份
	转　字	自第	号至第	号共	份

会计主管________复　核_______经办人_______

全 宗 号_______目录号_______案卷号_______盒号________保管期限_____

附录 2

包　角

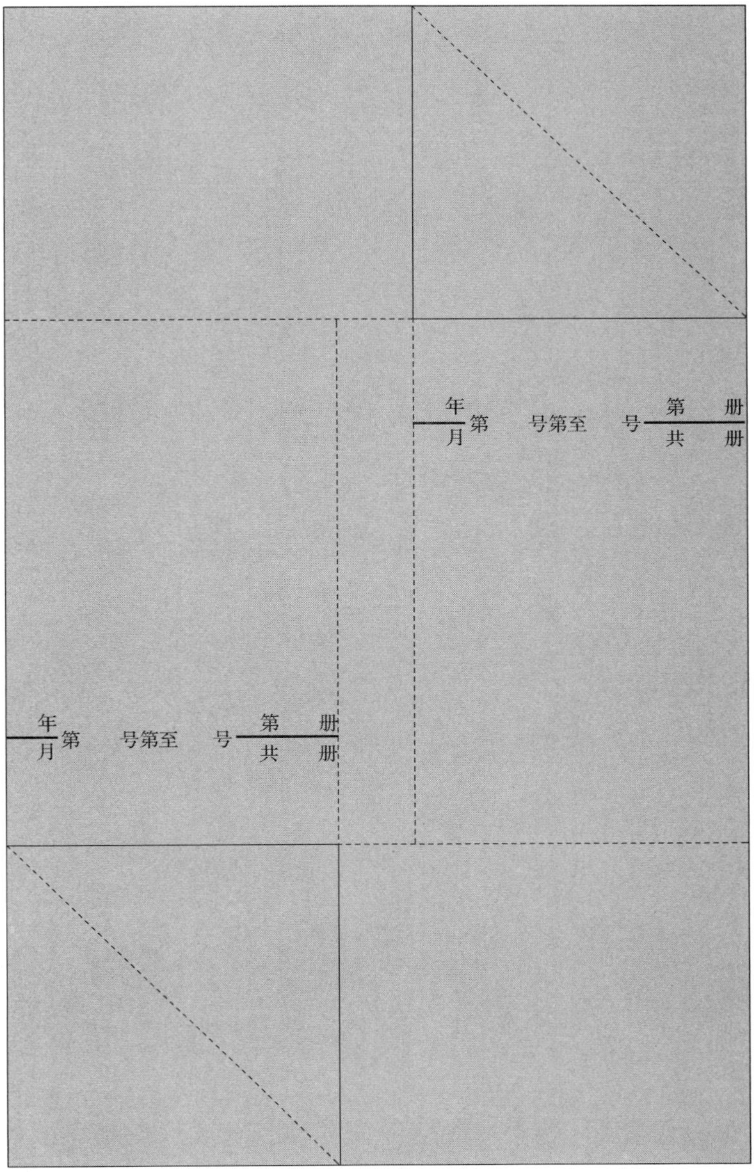

附录 3

实 训 报 告

实 训 报 告

<table>
<tr><td>课程名称</td><td colspan="3"></td><td>学院/系别</td><td></td></tr>
<tr><td>班级</td><td></td><td>学号</td><td></td><td>姓名</td><td></td></tr>
<tr><td>实训时间</td><td></td><td>实训地点</td><td></td><td rowspan="2">评分</td><td rowspan="2"></td></tr>
<tr><td>指导老师</td><td colspan="3"></td></tr>
<tr><td colspan="6">实训目的</td></tr>
<tr><td colspan="6">实训内容</td></tr>
</table>

续表

实训心得体会

续表

参 考 文 献

[1] 余志先. 基础会计实训教程[M]. 2 版. 大连：东北财经大学出版社，2019.

[2] 陈小英，杨成亮. 基础会计模拟实训[M]. 北京：清华大学出版社，2020.

[3] 吴兴华. 基础会计实训[M]. 北京：高等教育出版社，2019.

[4] 孔令一，迟甜甜. 基础会计实训[M]. 上海：立信会计出版社，2019.